2019

CREATIVE MANAGEMENT REVIEW

創意管理評論 第4卷

Volume 4

主编 杨永忠

经济管理出版社
ECONOMY & MANAGEMENT PUBLISHING HOUSE

图书在版编目（CIP）数据

创意管理评论．第 4 卷/杨永忠主编．—北京：经济管理出版社，2019.7
ISBN 978-7-5096-6732-3

Ⅰ.①创… Ⅱ.①杨… Ⅲ.①管理学—研究 Ⅳ.①C93

中国版本图书馆 CIP 数据核字（2019）第 137218 号

组稿编辑：郭丽娟
责任编辑：郭丽娟　乔倩颖
责任印制：黄章平
责任校对：陈晓霞

出版发行：经济管理出版社
　　　　　（北京市海淀区北蜂窝 8 号中雅大厦 A 座 11 层　100038）
网　　址：www.E-mp.com.cn
电　　话：（010）51915602
印　　刷：三河市延风印装有限公司
经　　销：新华书店
开　　本：720mm×1000mm/16
印　　张：13.75
字　　数：202 千字
版　　次：2019 年 9 月第 1 版　2019 年 9 月第 1 次印刷
书　　号：ISBN 978-7-5096-6732-3
定　　价：79.00 元

·版权所有　翻印必究·

凡购本社图书，如有印装错误，由本社读者服务部负责调换。
联系地址：北京阜外月坛北小街 2 号
电话：（010）68022974　邮编：100836

编委会名单

顾问

Francois Colbert　Université de Montréal
David Throsby　Macquarie University
徐玖平　四川大学
徐二明　中国人民大学
熊澄宇　清华大学
雷家骕　清华大学

主编

杨永忠　四川大学

合作主编

Jamal Shamsie　Michigan State University
向　勇　北京大学
李伯一　埃克塞特大学
高长春　东华大学

编委（以姓氏拼音为序）

陈玉和　陈　奇　董鸿英　杜传忠　董泽平　傅兆勤　黄杰阳
纪益成　揭筱纹　金元浦　李康化　李晓东　廖志峰　林明华
刘忠俊　卢　晓　吕　文　毛道维　王学人　谢明宏　许燎源
颜士锋　尹　宏　昝胜峰　章继刚　张胜冰　张庭庭　张　望
张振鹏　张守为

编辑部主任

于爱仙　杨　诺

主办

四川大学商学院
四川大学创意管理研究所

协办

四川省对外文化交流中心
山东影视传媒集团
成都市天府新区文化创意产业行业协会
中国创意管理成都联盟

征稿启事
Call for Papers

创意管理学是从微观管理角度系统研究创意管理活动的基本规律和一般方法的一门科学。它是一门正在迅速成长、充满勃勃生机的工商管理新兴学科，以管理学研究方法为基础，涵盖艺术学、社会学、经济学、制造科学、计算机科学等相关交叉学科。在这一科学领域，存在许多未开发的处女地，蕴藏着丰富的创意宝藏。

作为推动创意管理学形成和发展的专业性学术刊物，《创意管理评论》集刊由四川大学创意管理研究所主办，由国内外相关领域知名学者担纲顾问和联合主编。《创意管理评论》将本着兼容并蓄的开放性学术理念，坚持研产结合的办刊方针，实行国内外同行评议制度，为创意管理学的发展提供一个专业、规范和雅俗共赏的思想分享平台。

《创意管理评论》主要刊登从企业管理视角、应用管理学研究方法探讨创意管理的高水平学术论文和探索性实践文章，近期重点关注创意产品开发、创意企业运营、创意产品营销、创意产品价值评估和文化企业家行为等微观管理领域，热忱欢迎相关领域的国内外专家学者赐稿，分享您对创意管理的专业观察和深刻洞见，我们真诚地期待着。

投稿邮箱：cyglpl@163.com

联系电话：028-85416603

地　　址：四川省成都市一环路南一段 24 号四川大学商学院 613《创意管理评论》编辑部

邮　　编：610064

《创意管理评论》编辑部

主编寄语

新当代管理理论，无疑为中国本土管理的理论创新提供了可能。

企业管理理论经历了古典管理理论、现代管理理论到当代管理理论的发展变化。现有的企业管理理论以工业时代为背景，以技术创新为取向发展而来，其主要特点是效率和系统。成本导向的效率恰恰导致手工、民间艺术等生存空间的消失，而讲究集成的系统则抹杀了文化的个性，批量生产的同质化产品无法体现出人文性和灵魂性。

后工业时代发生了重要变革，从社会的变革到企业的变革、人的变革，在变革中企业管理的实践和理论面临重构，新当代管理理论有待创造性地建立。

新当代管理理论是当代管理理论在"第二次文艺复兴"背景下新的发展，是当代管理理论建构在文化要素上的一种理论创新。其中，人文创造、创意资本、创意企业家是新当代管理理论的重要特征。

人文创造以人文精神为基础，更加强调不仅是企业，而且个人可以在人文资源的背景下面向市场创造或合作创造出具有人文力量的产品。

源于文化经由创意而形成的创意资本，正在从宏观、中观和微观层面形成经济增长新的驱动力。创意资本被誉为第四资本，相对于物质资本的高消耗，创意资本的最大特点是低碳；相对于技术资本的高研发，创意资本的最大特点是低投入；相对于人力资本的高技能、高经验、高执行，创意资本的最大特点是高"破坏"、高创造、高新奇。

创意企业家是艺术家的梦想与企业家精神的高度融合，创意大师在文化与经济的跨界发展中掌握了创意密码。消费者的创意搜寻成本和文化消费资本，联合当下消费的生产技术，以及创意企业家所具有的不完全替代性，使得他们对创意和创意产品的消费可以产生出巨大的滚雪球效应。

由全球"第二次文艺复兴"所带来的人文创造力的释放，经人文创造而建构的创意资本，在战略层面重构经济模型并以改革者的身份创造出新的可能性的创意企业家，将为五千年的中华文化带来勃勃生机。

一个伟大的管理变革和理论创新时代正在来临。

目 录

创意管理 ·· (1)

跨界生创意
——初探时尚品牌的边界和跨界合作本质 ············ 廖 勇 李庆芳 (3)

当代创意管理视角下传统木作创新设计的嬗变
·· 郑 超 林 海 林筱露 (13)

论《奇葩说》的创意之道
——基于对网综节目《奇葩说》第五季的分析 ············ 陈雨烜 (24)

创意经济 ·· (35)

"创意城市"再认识：发展范式与政策审视 ············ 韩顺法 苏 佳 (37)

文化认同、网络效应与文化产品贸易 ························ 张 望 (55)

创意思想 ·· (65)

"创意"考论 ·· 李殿元 (67)

市场分析 ·· （81）
2018年成都市演出市场发展报告 ················· 于爱仙　钟琳玲（83）

学科建设 ·· （161）
省属高校文化产业管理专业建设的几点思考
　　——基于西华大学的讨论 ······················ 李　钊　陈　睿（163）

中国创意管理论坛 ·· （181）
第二届中国创意管理成都论坛综述 ·························· 刘双吉（183）
第二届县域文化产业发展路径研讨会综述 ·················· 梅　峥（189）

书评 ·· （195）
创意管理：新奇与商业之间
　　——《创意管理学导论》评介 ·························· 陈　睿（197）
创意引擎，让商业更温暖
　　——评《创意管理学导论》 ···························· 岳志坤（201）

作品鉴赏 ·· （209）
杨莉尔倩与成都漆器 ······································· （211）

CONTENTS

Creative Management ··· (1)

Cross-Boundary Generate Creativity
—Exploring the Boundaries and the Nature of Cross-Boundary Cooperation of Fashion Brand ····································· LIAO Yong, LI Qing-fang (3)

The Evolution of Traditional Wood Creative Design from the Perspective of Contemporary Creative Management
································· ZHENG Chao, LIN Hai, LIN Xiao-lu (13)

The Creative Way of *U can U bibi*
—An Analysis on the Fifth Season of the Internet Program *U can U bibi* ··· CHEN Yu-heng (24)

Creative Economy ··· (35)

Creative City: a New Paradigm of Urban Development
·· HAN Shun-fa, SU Jia (37)

Cultural Identity, Network Effect and Trade of Cultural Products
·· ZHANG Wang (55)

Creative Thoughts .... (65)

Textual Research of "Creativity" .... LI Dian-yuan (67)

Market Analysis .... (81)

2018 Chengdu Performance Market Annual Report

.... YU Ai-xian, ZHONG Lin-ling (83)

Discipline Construction .... (161)

Some Thoughts on the Construction of Cultural Industry Management Major in Provincial Universities

— Discussions Centered on Xihua University ...... LI Zhao, CHEN Rui (163)

China Creative Management Forum .... (181)

Summary of the 2nd China Creative Management Chengdu Forum

.... LIU Shuang-ji (183)

Summary of the 2nd Seminar on the Development Route of County Cultural Industry .... MEI Zheng (189)

Book Review .... (195)

Creative Management: between Novelty and Business

— A Review of *An Introduction to Creative Management* ...... CHEN Rui (197)

Creative Engine, Make Business Warmer

— Comments on *An Introduction to Creative Management* ... YUE Zhi-kun (201)

Appreciation of Creative Works .... (209)

Yang-li Er-qian and Chengdu Lacquerware .... (211)

创意管理评论·第4卷
CREATIVE MANAGEMENT REVIEW, Volume 4

创意管理

Creative Management

跨界生创意

——初探时尚品牌的边界和跨界合作本质

◎ 廖 勇 李庆芳[*]

摘要：本文从创意生成的角度入手，首先分析了时尚品牌跨界合作案例中呈现出的三种边界：结构化边界、戒律化边界和阶层化边界。其次将此三种边界与理论对话，总结出时尚品牌跨界合作的本质为跨借：借取外部资源的意义、个性和知识以获取创意。本文的探索为创意理论和跨界理论在时尚产业中的运用和发展起到了积极作用，也为时尚企业运用跨界合作梳理出了基本的脉络和重点。

关键词：跨界合作；边界；创意；时尚品牌

一、导论

创意是一个复杂的过程，它不只依赖于能产生灵感乍现的个性（Personal-

---

[*] 廖勇：男，1982年，四川省德阳市人。工作于华南理工大学广州学院。就读于台湾实践大学创意产业博士班。研究方向：创意产业、时尚设计管理。电子邮箱：leooly@163.com。李庆芳：男，台湾高雄市人。教授，工作于台湾实践大学国际贸易系，担任系主任一职。研究方向：价值共创、平台策略与调适性学习等。电子邮箱：reskm98@gmail.com。

ities)。创意藏身在不同思维交界的地方，这些地方为创意提供了养分，只有跨越不同思维（如感性和理性）的边界，才能获取创意（Chris Bilton，2010）。跨界（Cross-Boundary Spanning）是为了跨越物质性与社会性边界，有效合作以整合多源与多元的异质性知识、任务与专业（李庆芳，2012）。在时尚品牌中，跨界的案例层出不穷，近期最具话题效应的当属 Louis Vuitton、Rimowa 这样的奢侈品牌与街头品牌 Supreme 的跨界合作，无论从关注度还是商业价值来看，都取得了叫好又叫座的效果。

　　跨界的前提是知晓边界。边界（Boundary）一词，在前人的理论脉络中有两种不同的论述：第一，组织与外界环境之间的边界，强调组织与外界互动，从外部摄取或交换组织所需的技术与资源（Rosenkopf & Nerkar，2001；Tushman & Scanlon，1981），才可维系持续性的竞争优势。第二，组织内部各部门之间所形成的边界，例如功能不同的部门该如何跨界合作。那么，时尚品牌的边界在何处？对于这一议题，时尚界通常从设计层面研究（孙琰，2013），管理界通常从企业组织层面研究（Bechky，2003；Kellogg et al.，2006；Swan et al.，2007；李庆芳，2012；Edmondson A. C. & Harvey J. F.，2018）。本文试图综合两方面的研究关注点，通过对时尚品牌跨界案例的梳理和分析，初步探究时尚品牌的边界为何以及其跨界合作的本质。

　　本文属于质性研究。初级资料来源于 2019 春夏上海时装周期间一场名为"时尚界的 IP 跨界合作能否持续带来函数级效应"的论坛。该论坛集合了时尚媒体人、设计师、时尚博主、造型师等时尚产业的从业人员，以其亲身经历探讨了时尚品牌跨界的议题。通过笔者亲历论坛时对整个讨论过程的录音，整理出逐字稿。次级资料来源于品牌官方网站和网络报道。在第一层级资料分析中，本文将逐字稿经过编码、贴标签等方法发展出意义单元并撰写受访者文本。在第二层级资料分析中，本文以"跨界合作、创意、创意管理"等理论概念与受访者文本进行持续对话，整理出时尚品牌中的结构化、戒律化和阶层化三种边界，以及"跨结""跨戒""跨阶"三种跨界的模式，如表 1 所示。

表1 时尚品牌跨界合作资料分析

时尚品牌边界	时尚品牌的跨界合作			
	结构化边界		戒律化边界	阶层化边界
跨界合作对象	与品牌	与名人（明星、博主、模特、艺术家）	与设计师	与外包商（材料供应商、加工供应商）、团队内部
	Louis Vuitton 与 Supreme Rimowa 与 Supreme	Nike 与 Kanye West Louis Vuitton 与 Jeff Koons 鄂尔多斯与刘雯	Uniqlo 与 Christophe Lemaire 太平鸟与 Mikey Wormack 等	H&M 集团创新实验室
跨界合作本质	借意义跨结： 时尚品牌将外部资源的品牌意义加值在自己身上内化成为自身的品牌意义，从而更新品牌形象，并吸收对方的粉丝人群或消费者		借个性跨戒： 品牌与能提供多样性的外部资源合作，借取合作方的个性，为品牌带来差异化的竞争优势	借知识跨阶： 品牌内部各部门之间、品牌与能提供协作的外部资源之间互相借用知识，跨越品牌内部之间、品牌与外包的组织之间的阶层化界限
	跨借：借取外部资源的意义、个性和知识以获取创意			

二、时尚品牌边界的界定

(一)"结构化"边界

这一边界是时尚品牌由于固有的品牌定位而形成。时尚品牌在制定经营策略时，通常会通过确定品牌的价值主张、消费者层级等要素而形成一定的结构化、模块化的定位（Positioning）策略，让品牌特性（Brand Identity）清晰明确，以便与其他品牌进行差异化竞争，并指导产品设计、生产开发、市场营销等环节（Kotler, 2006）。比如，优衣库（Uniqlo）为了体现与 Zara、H&M、UR 等其他快时尚品牌的差异，将其品牌定位为功能性和质量感兼具的快时尚品牌，按照这样的定位，消费者层级主要集中在以功能需求为主的范围内。固定的"结构化"定位策略能集中火力瞄准目标消费人群，会明确地体现出品牌与其他品牌的差异，并提高品牌管理的效率。但在以消费者升级和业务增长为需求的产业背景下，"结构化"是一把双刃剑，品牌用久了就会出现不适，这种不适表现在品牌形象老化、消费者范围固化，无法灵活地吸收新的消费者，从而无法让品牌业务增长。所以在"结构化"这把双刃剑用到一定的程度时，"跨越结构化"就会成为一剂良药。

（二）"戒律化"边界

这一边界是品牌内部创意团队因为"过度熟悉""组织惯性"和"刻意扭曲"而形成。创意团队成员背景相似，并且经过团队工作后彼此熟悉，容易形成"团体迷思"（Group Think）（Irving Janis，1982），克里斯·比尔顿（Chris Bilton，2010）将这种现象称为"过度熟悉化"（Over-familiarization），迈克尔·希特等（Michael A. Hitt et al.，2008）将此种现象形容为"组织惯性"，认为团体迷思导致的过度熟悉化和组织惯性会减弱创意团队的创新能力，设计趋于同质化。除此之外，创意团队的成果需要由负责人审核，才能执行并获得相关的利益，创意团队成员会因为负责人的个人喜好而改变自己的设计风格，朝更容易获取负责人认同的方向移动，迈克尔·希特等（Michael A. Hitt et al.，2008）将此种现象称为"刻意扭曲"。比如在服装企业中，设计师的设计方案需要由设计总监或更高层级的领导审核通过后，才能进入到订货会环节，成为有机会被下订单的样品，继而才能有机会获得设计提成和职位升迁。在这样的奖励机制下，设计师会将所有的精力放在设计让高阶主管满意、为自己带来利益的方案上，从而淘汰具有差异性的创意构思。循环往复，这样"刻意扭曲"会导致设计团队的设计方向趋向于满足高阶主管的喜好，并逐渐趋于同质化。于是，"过度熟悉""组织惯性"和"刻意扭曲"让创意团队形成无形的"戒律"，在以快速变动和更新为需求的时尚文化背景下，戒律化边界束缚住了时尚品牌创造多样性和差异化的可能。要打破这种束缚，就必须跨越戒律化边界。

(三)"阶层化"边界

这一边界是时尚品牌工作者由于具有不同的知识背景导致的"过度专业化"而形成的。时尚产业由原材料、生产、研发、管道、市场、销售等基本的价值链环节所构成,每个环节都相对独立,这让时尚产业形成了不同的阶层,每个阶层都有相对独立的知识体系,并且使用自己知识体系中的术语进行沟通。比如,服装设计师通常会以"极简的分割线条""有韵律的褶皱排布"等词语与版型师沟通,但是"极简"和"韵律"的概念在设计师和版型师的知识背景中有可能是完全不同的情况。另外,时尚品牌通常专注于研发与市场等环节,将其他环节以策略性委外的形式放权。这会减轻品牌负担,让品牌更专注于核心业务。但从另一方面来看,这也增加了品牌内部组织与外包组织之间的沟通成本。比如,设计师的知识背景让其更注重时尚前瞻性、设计美感以及细节质量,而忽视生产加工的难易程度,设计出加工工艺复杂的产品而导致产品无法实现或者成本高涨。长期如此,每个阶层的工作者会倾向于过度强调自身专业知识的重要性,忽视其他环节的协作作用,而陷入以自我为中心的盲目自信中。克里斯·比尔顿将这种现象称为"过度专业化"(Over-specilization),认为打破过度专业化的方法是在不同的阶层之间建立联系,让其互动并相互学习(Chris Bilton, 2010)。如果设计师能跨越阶层,学习版型师和加工厂的知识和经验,就会清楚产品设计复杂程度的边界,规范自身的设计管理意识,让设计创意具有适用性。

三、时尚品牌跨界合作本质

在时尚产业中,通常由于结构化、戒律化、阶层化而形成僵化的边界,阻隔了不同思维之间互动、整合、共创的可能性,让品牌失去持续产生创意的机会。时尚品牌的跨界可以看作是在品牌的常规操作中加入一定的外部资源,借其活跃性让品牌获取创意的力量。故本文从"跨借"的角度阐释跨界的本质。

（一）借意义（Meaning）跨越结构化边界

品牌意义是建立消费者与品牌关系的基本要素（朱丽叶，2011）。品牌是超脱于具体产品之外的一种象征，品牌意义有助于创造与界定消费者的自我概念。所以消费者会偏好与自我形象相似的品牌，通过购买品牌产品来延伸与强化自我概念（Levy，1959；Sirgy，1982）。无论是时尚品牌还是用品牌理念经营自己的名人，都是通过建构独特的品牌意义吸引与之相符的消费者族群。由于结构化边界的存在，时尚品牌意义的僵化导致品牌形象和服务的消费者范围僵化，无法灵活地吸收新的消费者，从而无法让品牌业务产生增长。跨越结构化边界的目的就是为品牌寻找到新的意义，从而建立起新的消费者关系，吸引新的消费者。比如 Louis Vuitton 与 Supreme（品牌与品牌跨界）的合作为 Louis Vuitton 带来了年轻的消费族群，也为 Supreme 打开了除街头风格以外更大范围的知名度。Louis Vuitton 与 Jeff Koons（品牌与艺术家跨界）的合作吸引了 Jeff Koons 的粉丝，这一群体原本不在品牌的目标消费者群体中。再如鄂尔多斯与刘雯（品牌与模特跨界）的合作促成了鄂尔多斯品牌形象的年轻化，成功获取了如时尚博主 Yuyu 这样的年轻消费者。H&M 集团 2018 年推出的新品牌 Nyden 也是采用"借意义跨结"的典范。在该新品牌的经营策略思考中，H&M 集团的创新实验室参考了亚历山大·巴德（Alexander Bard）和贾恩·索德奎维斯特（Jan Söderqvist）在 The Futurica Trilogy 中提出的"部落"（Netocrat）概念，将消费者划分成不同的部落，并推论出只要通过部落的领袖就能与年轻世代的消费者建立连接。由此，Nyden 不再设立设计总监职位，而是邀请不同的意见领袖（如时尚博主、明星、文身艺术家等），与品牌设计团队合作，创作服装、服饰和皮具系列产品，以限量的方式在网络和快闪店进行销售。

因此，时尚品牌跨界合作的本质之一为：时尚品牌与外部资源（如其他品牌、设计师、明星、时尚博主、模特、艺术家等）通过共同设计、联名发表等方式推出新产品，将外部资源的品牌意义加值在自己身上内化成为自身的品牌意义，从而更新品牌形象，并吸收对方的粉丝人群或消费者。

（二）借个性（Personality）跨越戒律化边界

《心理学大字典》对个性的定义为：个性也称人格，指的是具有一定倾向性的心理特征总和。这些特征由人的感知觉、好奇心、知识结构、成长经历等因素影响，有机结合成一个整体对人的行为进行调节和控制。李罗娉和陈丹（2015）分析了多位时尚设计师的个性，认为每个设计师都会在其服务的品牌中融入自己的个性，从而为品牌带来创新。Chris Bilton（2010）认为团队需要跨越成员之间的共识，引入不稳定的因素，才能产生更有价值的创意。所以，对于时尚品牌与外部设计师的跨界合作来说，外部设计师的个性就是为内部团队带来多样性的不稳定因素。跨越戒律化边界的目的就是为品牌寻找到最合适的个性，为品牌带来多样性和差异性，以产生持续的创意能力。比如优衣库（Uniqlo）与法国设计师 Christophe Lemaire 的跨界，将 Christophe Lemaire 对服装廓形与裁减的创意和极简风格（Normcore）带入了"U"系列产品中，成功为品牌注入了差异性，也为品牌带来了竞争优势。中国的时尚品牌太平鸟（Peace Bird）在女装产品线中单独开发了一个合作系列，合作的设计师包括印花纺织品设计师 Mikey Wormack、服装设计师 Juslin Maunula、眼镜配饰设计师 Maggie Yao 等，跨界合作的这一系列产品为这个传统的休闲装品牌带来了先锋性和多样性，彻底改变了太平鸟品牌原有的时尚态度。H&M 集团新品牌 Nyden 定期邀请不同的意见领袖合作设计产品，除了借其意义与消费者互动，也是为了借其个性为品牌源源不断地带来创新力量。

因此，时尚品牌跨界合作的本质之二为：品牌与能提供多样性的外部资源合作，借取合作方的个性，设计出与品牌内部团队不同风格的产品，让已经戒律化的品牌内部团队受到刺激，产生震荡，打破已经平衡的舒适区，产生混乱和秩序的共生，创意会在混乱和秩序的交界处萌芽，在新秩序的建立过程中发展（Chris Bilton，2010），继而为品牌带来差异化的竞争优势。

（三）借知识（Knowledge）跨越阶层化边界

阶层化边界是因为时尚品牌工作者具有不同的知识背景而导致的。所以不同价值链、不同部门之间工作者的知识流动与交换就成为跨越阶层化边界的重点。Chris Bilton（2010）认为，创意从构思发展到落地，需要透过多个专业部门以跨领域的方式合作，互相交换知识，并在合作中协奏出新的知识。比如H&M集团为了支持品牌的创新，成立了创新实验室，采用水平式的组织结构，由具有哲学、社会学、市场研究等背景的成员形成多元化的团队，研究未来的时尚产业和消费者行为。著名的奢侈品集团LVMH于2018年宣布次年即将聘请哲学家Sophie Chassat担任独立董事。LVMH表示，Sophie Chassat对社会变革的哲学洞察力为奢侈品行业提供了不同的观察角度，对时尚品牌的发展将会起到很大用处。

因此，时尚品牌跨界合作的本质之三为：品牌内部各部门之间、品牌与能提供协作的外部资源之间互动，互相借用知识，跨越品牌内部之间、品牌与外包的组织之间的阶层化界限。

四、结论

由此分析可知，时尚品牌跨界合作的本质为"跨借"：借取外部资源的意义、个性和知识以获取创意。从理论层面来看，本文从创意生成的角度分析了时尚品牌的三种边界，将这三种边界与"跨界合作、创意、创意管理"等理论对话，总结出跨界合作的三个本质。从实务层面来看，本文为时尚品牌企业分析出跨界的意义：跨界不只为品牌带来曝光和关注度，更重要的是为品牌内部带来创意动力。

本文采用次级资料进行分析，旨在总结归纳出时尚品牌的边界以及跨界合作的本质，与现有的理论进行对话，也为后期研究奠定基础。但现阶段的研究还处于初级阶段，研究洞见还不够深刻，跨越三种边界的过程和内部原理还不清晰，这是本文下一步的研究重点。下一步研究拟采用个案研究的方法，搜集初级资料与本文的次级资料进行三角验证，分别对每种跨界合作模式进行详细的描绘和理论对话，以期得到更深入的洞见。

参考文献

[1] Bechky B. A. Object lessons: Workplace artifacts as representations of occupational jurisdiction [J]. American Journal of Sociology, 2003, 109 (3): 720-752.

[2] Edmondson A. C., Harvey J. F. Cross-boundary teaming for innovation: Integrating research on teams and knowledge in organizations [J]. Human Resource Management Review, 2018, 28 (4): 347-360.

[3] Ireland R. Duane, Michael A. Hitt, and Robert E. Hoskisson. The Management of Strategy: Concepts & Cases [M]. London: Evans Publishing Group, 2008.

[4] Janis I. L. Group think: Psychological studies of policy decisions and fiascoes [M]. Boston: Houghton Mifflin, 1982.

[5] Kellogg K. C., Orlikowski W. J., Yates J. A. Life in the trading zone: Structuring coordination across boundaries in postbureaucratic organizations [J]. Organization Science, 2006, 17 (1): 22-44.

[6] Kotler P., Keller K. L. Marketing management 12e [J]. New Jersey, 2006.

[7] Levy S. J. Symbols for sale [J]. Harward Business Review, 1959, 37 (7-8): 117-124.

[8] Rosenkopf L., Nerkar A. Beyond local search: boundary - spanning, exploration, and impact in the optical disk industry [J]. Strategic Management Journal, 2001, 22 (4): 287-306.

[9] Swan J., Bresnen M., Newell S., Robertson M. The object of knowledge: the role of objects in biomedical innovation [J]. Human Relations, 2007 (60): 1809-1837.

[10] Sirgy M. J. Self-concept in consumer behavior: A critical review [J]. Journal of Consumer Research, 1982 (93): 287-300.

[11] Tushman, M., Scanlon, T. J. Boundary-scanning individuals: Their role in information transfer and their antecedents [J]. Academy of Management Journal, 1981 (24): 289-305.

[12] 克里斯·比尔顿. 创意与管理: 从创意产业到创意管理 [M]. 北京: 新世界出版社, 2010.

[13] 李罗娉, 陈丹. 基于"人格心理"的设计师与服装品牌个性关系研究 [J]. 艺术百家, 2015, 31 (S1): 137-139+169.

[14] 李庆芳. 跨界合作与学习之搜寻模式: 半导体异常排除之案例研究 [J]. 组织与

管理, 2012, 5 (2): 137-182.

[15] 孙琰. 服装品牌的跨界合作模式研究 [J]. 丝绸, 2013, 50 (11): 75-79.

[16] 朱丽叶. 品牌意义的形成、测量与创新 [J]. 战略决策研究, 2011, 2 (1): 46-52.

Cross-Boundary Generate Creativity
— Exploring the Boundaries and the Nature of Cross-Boundary Cooperation of Fashion Brand

LIAO Yong, LI Qing-fang

Abstract: Started from the perspective of creative generation, this paper analyzed three kinds of boundaries presented by cross-boundary cooperation cases of fashion brands: structure boundary, precept boundary and stratification boundary. Secondly, through the dialogue between these three boundaries and theories, this paper summed up the nature of cross-boundary cooperation of fashion brands with the concept of cross-borrowing: borrowing meaning, personality, knowledge from external resources to obtain creativity. The exploration of this paper plays a positive role in the application and development of creative theory and cross-boundary theory in the fashion industry. It also combs the basic context for fashion enterprises to use cross-boundary cooperation.

Key words: Cross-boundary cooperation; Boundry; Creativity; Fashion brands

当代创意管理视角下传统木作创新设计的嬗变

◎ 郑 超 林 海 林筱露[*]

摘要： 本文在创意管理学的微观视角下，通过传统木作的创新意义、传统木作艺术品化、"互联网+"时代下的品牌构建、交互体验空间四个层面来论述传统木作在当代发展的创新意义以及对人们生活的影响，从而挖掘其潜在的文化和经济价值，旨在探索、呈现、延伸出传统木作工艺在当代发展的路径。

关键词： 传统；创意；实现；价值

党的十八大明确提出了"文化产业成为国民经济支柱性产业"的战略目标，并在"十三五"规划纲要中进一步明确了发展文化产业的基本思路。在此背景下，近年来我国文化创意产业在政府的引导与支持下开展得如火如荼。创意文化作为一种新兴的知识型战略产业，正逐渐成为许多国家经济发展的巨大新引擎。其所带来的创意经济也日渐成为衡量一个国家或者地区经济活力、城市功能和消费水平发展成熟与否的重要标志。目前，国内文化创意产业发展

---

[*] 郑超：广西艺术学院讲师，广西美术家协会雕塑艺委会委员，公共艺术系主任，研究方向：公共艺术设计。林海：广西艺术学院副教授、研究生导师，广西美术家协会设计艺委会主任委员、设计学院院长，研究方向：风景园林设计、环境艺术。林筱露：广西艺术学院中级工艺美术师，广西美术家协会会员，公共艺术系专任教师，研究方向：陶瓷设计。

所带来的经济价值虽然得到了人们广泛的肯定，但随着其发展的不断深化，在面对快速变化的商业环境下，创意产业想要谋求长足的发展就不能仅仅停留在概念的形态上，而是由向外驱动转为向内自生的发展，从而促进其最大限度经济效益的实现。"创意"的本质在于打破常规、解构重组和革新，是一种感性上的智力产出。"商业"是促进价值的转化和实现，并满足人们物质文化生活需求的理性经济活动。就创意文化价值的实现和转换而言，与经济活动、商业活动相衔接是实现其价值变现、文化资本化转变最直接的方式。创意管理学的出现，有效地搭建起创意与商业之间良性沟通的桥梁。创意管理学是一门新兴学科，它"以文化为基础，以文化创意或创意为主要研究对象，关注创意的价值及其商业实现方式"①。因此，从创意管理学的角度去探讨文化创意产业如何由向外驱动转为向内自生的发展就有了理论依据的支撑。创意管理研究具有宏观和微观两个层面，宏观的层面主要是研究创意产业链条对整体经济的促进和影响；微观层面主要是研究创意产品本身，即其整条产品产业链的发展和价值的实现。当下的创意产业已然成为了国内社会经济中的重要组成部分，为了解决市场情形下的具体问题，对创意管理的要求也将从宏观层面细化到微观层面。本文在创意管理学的微观视角下，通过传统木作的创新意义、传统木作艺术品化、"互联网+"时代下的品牌构建、交互体验空间四个层面来论述传统木作在当代发展的创新意义以及对人们生活的影响，从而挖掘其潜在的文化和经济价值，旨在探索、呈现、延伸出传统木作工艺在当代发展的方向性路径。

一、实现传统木作"意义的创新"

古时候按木作工艺的不同，通常分为两类，一类是被称为"大木作"的木构房屋建筑，另一类是被称为"小木作"的木制家具和木制构件装饰。现代经济、科技的巨大进步，在提升人们生活品质的同时，传统木构建筑以及相

---

① 杨永忠. 社会变迁背景下的创意管理学探索[J]. 人文天下，2016（12）：24.

应的营造技艺的生存空间正遭到严重地挤压,由于建筑技艺的进步和新兴材料的出现,以混凝土为结构主材的建筑几乎代替了榫卯技术的传统木制建筑,其"大木作"的实用价值因此被弱化,传统木作工艺的传承和发展遭受到前所未有的冲击。然而,随着人们对生活品质和物质文化需求的日益提高,这并不意味着传统木作技艺就此失去其市场,用于修饰和美化生活的"小木作"却依旧存在着很大的发展空间和市场潜力。本文以"小木作对当代人生活的影响"为研究的切入点,从"传统与创新关系、物质属性之间的关系、人—物—时代的关系"三个关系维度进行了思考和分析。

(一) 传统与创新关系

传统与创新的关系主要体现在创意文化内涵中"民族性"与"现代性"的结合点。传统木作工艺本身带有强烈的文化符号,是某个时期历史文化的缩影,将其运用其中以实现木作器物内在意蕴的创新。木作工艺在我国传承已久,始于隋唐时期,经由历朝历代的发展逐步形成自身的一套造物理念和美学思维,其对器物材质的选用、结构的确定、尺寸数据的权衡和计算、节点处理和组合安装都有着一套完整的标准逻辑。流传至今的木作古典书籍如宋代的《营造法式》,明代的《园冶》《长物志》,清代的《工程作法》和现代的《营造法原》等,都记录了传统小木作工艺阶段性的技艺成就与审美意识,凝聚了历代手艺人的聪明才智和精湛技艺,这些都具有宝贵的"民族性"和"地域性"。对传统的技艺和美学进行解构和融合,并通过当代的新技术进行再设计与呈现,以崭新的面貌回归到现代生活中,是民族技艺的价值得到延续的重要途径。可见,在现代的存续状态中寻找到传承与创新结合的平衡点,不仅有利于将木作宝贵的经验和祖先的智慧延续和传承下来,还能凸显地域特色,以对抗全球化所带来的文化趋同性。因此,在木作产品的研发构思中对小木作的功能和内在意蕴做许多的思考,力求从人的需求出发,融入现代的科学技术,在中式传统小木作的语言中寻求新的突破。例如现在国内知名的家具品牌——梵几,去过梵几家具体验店的人们估计都能感受到品牌所要表达的理念和愿景,那就是在现代的视野中基于对传统木作美学和造物理念的反思和探索，图1上圆下方的茶几、桌椅等木作单品延续了明清家具"天圆地方"的传统思想，在结构装饰上去除传统一贯复杂的雕花装饰设计，回归朴质自然，契合了"大道至简""返璞归真"的传统古典美学理念，同时也用这种极简的艺术风格消解了榫卯技艺上的厚重和严肃，使器物看起来更轻盈、更简约时尚，也更符合现代人的审美情趣。同时，梵几还对居住空间（见图2）的整体性做了自己的思考，其通过木材原有的质感和纹理、简约而富有古风意境的物件组合，营造出清净、安稳

图1 木作单品

的家庭感，缓解了都市快节奏工作环境和都市压力感，令消费者充分感受到"家"的静谧舒适。梵几的木作产品基于对传统木作思想内涵的理解，思考小木作与文脉以及当下环境这三者之间的关系，在传承中进行创新，在时尚简约

图2 居住空间

的视觉设计中找到了传统与现代设计之间的平衡点，使得产品整体造型最大限度地延续了传统木作家具制式精华的同时，又迎合了现代大众的审美情趣，为消费者带来全新的居家体验，展现了梵几这个木作品牌独特的创新力。

（二）物质属性之间的关系

中国传统的木作理念往往有一套既成的造物逻辑，制作模式体现出了一种严谨的标准化，采用拼贴并置的处理手法，可以打破僵硬的方程式模式，避免生搬硬套传统的木作理念。拼贴并置，指的是多种元素、不同肌理形态相互叠加在一起，通过局部拼凑的方式渲染出一种极强的艺术感染力。目前在国外的许多设计领域，经常会运用到这种简洁明了而又具有视觉冲击力的表现形式来表达艺术家的艺术理念和逻辑。在木作创作中，沿用传统的木作技术方法和造物程序时，通常加入一些有特殊意义的不同风格、不同材料的元素或素材与之相拼贴和并置，以追求材质和内蕴上的差异性，折射出不同时期生命体的延续性和造物组合空间上的融合感，令传统的木作语言符号在新的对话语境中产生新的语言法则，从而获得全新的文化属性。比如这组储物柜（见图3），就是在沿袭了传统有序且厚重的美学追求的前提下，采用了不同材质的老木材，通

图3 储物柜

过拼贴并置的处理手法，在多种肌理形态下产生强烈的对比，体现现代与传统共存的设计理念。这种相互拼贴并置的手法与现代新装饰主义的混搭风格有着异曲同工之处，展现了木作新理念重构的价值，同时也让消费者对传统木作有耳目一新的感觉。

（三）人—物—时代的关系

在当代的木作创新中，不能为创新而创新，更不能为了经济效益而忽视了小木作器物实用舒适的本源。尽管在当代的多元文化中，我们回归传统，在传统文化中找寻新的创新，是为了凸显地域性和自身的文化身份，以获得在全球文化语境中跨文化对话的权利，但是，其前提必然是传统木作手工艺得以延续和发展。传统小木作器物最大的价值就是与当前所处时代的生活内容相维系，人—器物—时代三者之间的联系是木作创新必须要考量的根本问题。既要传承木作传统技艺的制作与装饰方法，又要结合当下人们的生活功用和精神需求，达成传统使用价值的创新性转化，彰显人文情怀的同时体现出一种新时代的功能属性。例如国内专业制作梳理用品与饰品的小木作品牌——谭木匠，其以日用品梳子为主打产品（见图4），根据市场的需求开发了以情感为主题、以传统工艺为主题、以中西元素设计融合为主题的系列产品，在整体形象上呈现出多元化的发展，同时还打造了相关的木作日用品（见图5），在继承传统的基础上进行创新以满足多个层次的消费者需求，让一度面临边缘化的传统木作工艺又重新回到大众的视野，回到人们的生活中，为生活带来全新的生活体验。

图4　梳子

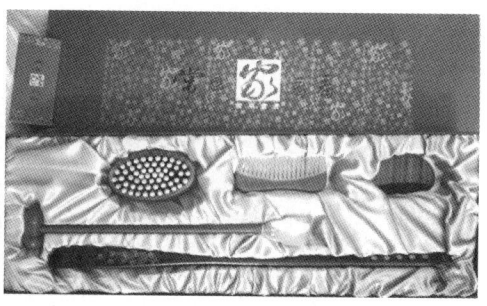

图5　木作日用品

二、传统木作艺术品化

小木作器物作为古代文人居室的主体,同瓷器、字画、植物等一起营造了具有中国传统文人特色的高雅空间。在那个时代,它们虽然以功能性出现在文人士大夫的生活中,但是从明代的诗书、绘画、书札中,我们不难发现明代小木作器物综合地反映了当时文人的思想观念、精神气质以及审美标准。文人士大夫们在生活中发现美,感受美,同时又把美带到与自己息息相关的日常用具中,并由此开创了中国最具文人气息的木作家具史。可见,明代小木作有别于纯商业性造物设计,具有鲜明的文人属性,体现着文人士大夫进取精神的风骨,明代小木作家具的实用性也就此让位给了艺术品,具有深厚的历史意蕴和收藏的价值。当代全球多元文化的涌入,国人在外来各种消费性的审美文化中迷失了自身应有的归属感和认同感,从而失去体现文化身份地位的话语权。然而,有一些木作创意产业却在不断的反思和探索中始终坚持对传统文化的回归,其在很大程度上也促进了当代木作设计者对传统造物思想的深刻认识和审美的转变。例如始于清代末年的"京作"代表——"中华老字号"龙顺成,其木作器物(见图6)以传统文化为依托,在传承中进行适当的改变。木作器

图6 木作器物

物结构上继续沿用传统的榫卯拼接；而艺术风格，却大胆地融合了西方艺术以及当代的审美观念，使之更加符合当下的消费需求；在视觉形态上秉承"方圆、曲直、均衡"的中国古典审美理念。其无论是单件器物还是室内整体组合陈设，都在刚柔并济、方圆互补中展现着中国独有的审美视觉形态，这种木作创意的理念不仅是为实现其功能性对生活品质的改变，更是始终坚持了一种对传统身份的认同感和回归。在这个层面上来看，龙顺成的木作不仅是生活品，更是艺术品，具有极高的收藏价值。

三、"互联网+"时代下的品牌构建

在当代"互联网+"时代背景下，网络与人们的生活息息相关，互联网电子商务已经成为人们衣食住行无法忽视的交易渠道。传统手作技艺的发展必然要借助互联网电子商务平台，直接与消费者沟通，以达到其文化价值变现的目的。在市场环境快速发展的情况下，构建木作文化产业的创意品牌价值，是实现木作文化产业经济转型的一个重要途径。以下主要从文化传承、产品创新、匠心精神三个维度来构建品牌文化、工艺和价值。

（一）文化传承

木作器物蕴含着深厚的历史文化底蕴，具有文化资源资本化的巨大潜力和经济价值。在品牌构建中融合中国传统造物的文脉，体现具有民族特性的审美意识、造物智慧和伦理思想，可以展现品牌的活力和自信心，是现代木作文化创意产业经济转型过程中一个重要的增长点。无论国外的设计风格与审美如何影响，品牌的发展都离不开自身文化的支撑。对传统文化的传承，即是对木作传统造物观的深刻理解和吸收，《考工记》中"合以为良"秉承的是"天人合一"的传统美学思想。当代木作创意设计中延续这种思想，在人、物、环境中找寻到相互结合的衔接点，充分展现出传统手艺在新时代的文化价值，才能凸显自身的价值优势。对传统文化的解读深刻全面，使得传统的审美以崭新的面貌回归到大众的视野并得以发展，才能在多元文化中占有一席之地，扩大传统木作创意产业的认知度和影响力，用更多元的方式传沿迭代。

（二）产品创新

品牌的构建与创新设计紧密相连，用户的需求是创新设计的开始，传统手工艺与用户需求相结合，产品创新的核心在于注重用户需求，在需求中注入传统技艺理念和思想，打造有文化内涵的现代创意木作产品，使得传统文化在现代社会中得到新的诠释，同时在视觉上找到了东西方文化的审美平衡点，使得产品创新不断满足消费者的需求。

（三）匠心精神

当代木作设计师的"匠心精神"，一方面要以开阔多元的思维方式去研发创新产品，在促进产品创新发生的同时善于将创新转化为商业价值。这就包括产品研发创新、经营策略的创新以及持之以恒打造优质产品以满足消费者需求的"匠心"。另一方面，设计师对内不断地提高自身修养以促进内在更新，对外通过与消费者不断地磨合实现产品的创新，引导大众对创意文化产业的认知，为大众的生活创造新的精神文化享受，进一步提升大众的生活品质。

四、交互体验空间

随着社会的发展和消费结构的改变，小木作已经不再是人们日常生活所需或者装饰品，传统木作市场逐渐被分离且日趋边缘化。当下新生代的市场消费主力军"80后""90后"几乎不了解传统木作的形制、文化内涵和制作工艺，更不用说为他们的生活带来如何的美化和影响，这种文化上的阻隔成为了传统木作行业在当代发展的一个痛点。生产者与消费者缺乏对传统木作的认知，主要是因为现代人成长环境中缺少对木作文化的耳濡目染。数字化互联网时代的快速发展，让许多一度蒙尘的传统物质文化以及非物质文化重新走进大众视野。运用数字交互展示技术，可以建立起一种消费者互动的交互体验空间，它是人们重新认识传统木作文化最方便直接的方法。交互体验有别于传统会展展示，会展展示采用的是产品、图片、文字平铺直叙的叙述方式，为消费者带来的仅仅是单一的视觉感知。而交互体验空间则是通过科技手段,让消费者从视觉、听觉和触觉上全方位地直观感受木作创意产业所带来的头脑激荡和精神熏陶。交互体验空间借助最新的科技诸如虚拟现实技术 VR、增强现实技术 AR 或者混合现实技术 MR 等产品来真实还原传统木作创作的场景,给参与的消费者带来数字化身临其境的体验感。在虚拟的世界中,消费者通过数字交互的设置与可穿戴设备例如智能头盔、手套等辅助物,就能完整地参与到传统木作设计者的造物过程中,在制作的乐趣中了解和认识木作器物的功用和价值。当交互体验给消费者留下了深刻印象,体验的目的也就达成,潜在的消费者会被最大限度地激发出来,从而成为消费的践行者,将文化和产品真正带回家,为木作创意产业及衍生品带来广阔的市场需求。精品线下体验建立起木作设计师与消费者有效的沟通渠道和良性的消费模式,为消费者带来另类的用户体验,还有助于进一步达到宣传的效果,将传统的木作创意文化积极渗透到当代人的生活中。

五、结语

传统木作工艺是中国历史文化的一个缩影,承载着不同历史时期深厚的历史文化内涵和时代审美理念,就创意文化产业而言,木作因其蕴含着人与物之间的情感和联系,使其本身有着相对稳定的符号系统,这种强烈的符号象征有着根深蒂固的群体认同感,具有广阔的市场和价值。通过当代高科技的智能手段去实现传统木作技艺的传承和创新,重拾传统木作产业在当代生活中的社会价值和文化身份,进而提升当代人的整体生活品质。

参考文献

[1] 刘凌艳,杨永忠. 创意到创新过程中文化企业家的能力构成 [J]. 天府新论,2017(5).

[2] 厉无畏. 创意产业导论 [M]. 上海:学林出版社,2006.

[3] 杨永忠. 创意产业经济学 [M]. 福州：福建人民出版社, 2009.

[4] 杨永忠. 民族文化创意的经济分析 [J]. 青海社会科学, 2013 (1).

[5] 杨永忠. 社会变迁背景下的创意管理学探索 [J]. 人文天下, 2016 (12).

[6] 理查德·弗罗里达. 创意经济 [M]. 北京：中国人民大学出版社, 2006.

The Evolution of Traditional Wood Creative Design from the Perspective of Contemporary Creative Management

ZHENG Chao, LIN Hai, LIN Xiao-lu

Abstract: Based on the micro perspective of creative management, this paper discusses the innovative significance of traditional woodwork in contemporary development and its impact on people's life through the four aspects of innovative significance of traditional woodwork, traditional woodwork art, brand building in the "Internet Plus" era and interactive experience space, so as to tap its potential cultural and economic value, aiming at exploring, presenting and extending the path of traditional woodwork in contemporary times.

Key words: Traditional; Creativity; Realizes; Value

论《奇葩说》的创意之道

——基于对网综节目《奇葩说》第五季的分析

◎ 陈雨妲[*]

摘要：面对"综N代"节目普遍疲软、收视下滑的状况，网综节目《奇葩说》第五季制作团队壮士扼腕，积极创新，以全新的节目模式与新颖的赛制回归观众视野，掀起观众对《奇葩说》节目的热情与关注。该节目之所以能获得大众的认可及喜爱，其品牌价值依然在网综市场独树一帜，得益于该节目独有的创意。本文从第五季《奇葩说》节目的策划、赛制的设定、独特的营销模式等方面，对该节目的创意之道进行了探究。

关键词：《奇葩说》第五季；创意策划；创意赛制；创意营销；社群营销

《奇葩说》第五季节目播出后，引起了广大观众的高度关注，获得了大众的认可及喜爱。该节目之所以能获得人们的厚爱，得益于整个节目的策划、赛制以及营销所独有的创意。下面拟就《奇葩说》的策划创意、赛制创意、营销创意做一点分析。

---

[*] 陈雨妲：四川传媒学院，助教，研究方向：影视运营学与文化创意产业，电子邮箱：503234229@qq.com。

一、《奇葩说》的策划创意

《奇葩说》之所以能获得大众的认可及喜爱，首先是得益于该节目在策划方面所独有的创意。这创意具体体现在以下几方面：

（一）开启多城市奇葩选手海选模式

《奇葩说》作为中国首档说话达人秀节目，自2014年在爱奇艺网站播出以来，引起了广泛的关注，并与其他制作粗劣、品质低下的网络自制节目形成了鲜明的对比。《奇葩说》的热播拓展了中国网综节目的新形态，开启了中国视频行业的"网综元年"，也是中国自主研发的综艺IP的一个范本。《奇葩说》每季的广告招商收益都在节节攀升，《奇葩说》五季累计的招商总金额高达15亿元，创造了自制网综节目的IP神话。《奇葩说》第五季为了摆脱"综N代"节目的疲软之势，从商业模式上重新考量，用"创意"延续自制综艺节目的神话。

"创意"两字，既可以作为名词，又可以是一个动词。作为静态的名词，创意是指创造性的意念、新巧的构思；而作为动态的"创意"则是指创意思维的过程，是一种经过冥思苦想而突然降临的、从无到有新意念产生的过程（张岩松等，2017）。"创意"二字始终贯穿在《奇葩说》创作团队的策划中。《奇葩说》第五季为了寻觅更多奇葩的选手，聆听多元化的声音，于2018年6月中旬开启了全国五城海选，分别在南京、武汉、上海、广州、成都设点。经过官方的统计，五大城市海选报名的总人数超万名，最后有2000人进入面试环节。最终进入全国60强录制环节的有16人。新"奇葩"们涵盖了网络红人、职业辩手、音乐达人、综艺主持、高校教师、公务员等不同的职业与群体。线下海选为新一季的《奇葩说》贡献了近30%的新"奇葩"。在海选的过程中，《奇葩说》节目本身也进行了大量的曝光，被更多的观众所熟知。

（二）以大数据筛选奇葩话题

《奇葩说》第五季的制作团队在节目前期的筹备中进行了大刀阔斧的改革

及创新。新一季的《奇葩说》团队对辩题的准备及选择做了大量的问卷调研。针对调研中部分网友反映过去有的辩题太"苦情"的情况，对辩题做了相应的调整，表示新一季的辩题将既具备娱乐性又要接地气。与《奇葩说》官方宣称自己是一档严肃的辩论节目相反的是，不少观众认为《奇葩说》应该是一档喜剧节目，所以《奇葩说》团队表示第五季节目基调会更加欢快。

关于辩题的设计与选择，《奇葩说》制作团队可以说是煞费苦心：一方面，要考虑节目多年来所形成的众多铁杆粉丝对辩题的感受与认可（因为这批铁杆粉丝中很多在这四五年间已经完成了从学生到职场、到为人父母的转变，这就要求对辩题内容的设计与选择务必要考虑这部分群体的关注点）；另一方面，辩题内容的设计与选择还要充分考虑如何去吸引更多年轻观众对节目的关注和认可。所以，选题的设计与选择自然成为《奇葩说》必须高度重视与探索的重要议题。

为了确保选题的设计与选择能尽可能获得更多人群的认可，《奇葩说》节目组展开了大数据的调查，即运用大数据对广大的观众进行了广泛的调研。通过广泛的调研，最后从预设的1000多道话题中选取了60道题。大数据调查结果表明，大多数观众格外关注情感类的话题。经过团队的认真甄选以及参考观众对辩题的投票结果，在《奇葩说》第五季讨论的辩题中，将近50%的话题与爱情有关，这符合目标受众对话题的普遍期待。很多大众感兴趣的话题以辩论的方式表达出来，例如："毕业后混得很normal，要不要去参加同学会"，"如果爸爸每周陪伴孩子低于12小时，就取消爸爸的称号，你是否支持"，"结婚前，我让伴侣在TA的房本上加上我的名字，有错吗"，等等。讨论的话题呈现出覆盖面广、角度新奇、紧跟潮流等特点。《奇葩说》精选的辩题很好地抓住了观众的关注点及痛点，符合年轻观众的胃口，让观众在观看辩论的同时也引发对话题的深思。《奇葩说》既满足了娱乐的需求，也让观众在节目中找到了共鸣、获得了思考。

（三）奇葩选手台前幕后全景观察

为了增强节目的娱乐效果，节目组特意增加了台前幕后的环节。譬如，增添了展现辩手们在幕后准备的状况及微妙的心理变化的内容,让观众可以更加全面地了解辩手的备赛状态。这一内容的增添给大众一种真实、身临其境的感觉,仿佛跟随着辩手一起经历比赛。此外,针对热点辩题,如"如果爸爸每周陪伴孩子低于 12 小时,就取消爸爸的称号,你是否支持",还特意搞了现场采访模式,即分别邀请了三位父亲及其小孩接受采访,当三位父亲被问到若是每周陪伴小孩少于 12 小时,就将剥夺其爸爸的称号时,三名父亲都明确表示不能接受;而三位小孩被问到同样的问题时,他们都坚定地回答不能剥夺其父亲的"爸爸"称号。由于节目组将场内话题延伸到场外,扩大了对辩题的进一步讨论,使观众对节目及辩题产生了亲近感。

二、《奇葩说》的赛制创意

新一季的《奇葩说》在节目赛制的设置上也别具一格,富有创意,特别是在"奇葩"导师阵容的配置以及新老"奇葩"互辩环节的设置,可谓创意十足,颇有可看性。

(一)明星导师坐镇,巧辩奇葩辩题

2014 年《奇葩说》横空出世,改变了网综节目粗制滥造的状态,同时也捧红了"马晓康"组合。该组合由被誉为大陆最会说话的知识分子高晓松、台湾最火节目《康熙来了》金牌主持人蔡康永、表面严肃实则幽默的马东三人组成。这个"铁三角"的组合着实给观众带来眼前一亮的感觉。《奇葩说》第五季除了延续经典的"马晓康"组合外,另外还有李诞及薛兆丰两位导师加盟。前者因为在《吐槽大会》上公然吐槽《奇葩说》是"红过的节目",曾调侃《奇葩说》的选手总是能够在一些无聊的话题找角度硬聊,也对"马晓康"组合做出过犀利点评。万万没想到的是,李诞被誉为《奇葩说》最大的"黑粉",如今摇身一变成为导师。在第一场的录制中,面对马东一连串的指控全盘否认并毫不吝啬对奇葩辩手们给予肯定与表扬。李诞在面对许多尖锐的辩题讨论时,也能十分自如地与其他三位导师谈笑风生。这一位新晋导师以

其犀利的言辞、搞怪的风格为《奇葩说》第五季带来了全新的灵感。除此以外，被封为"网红教授"薛兆丰的加盟，也让人眼前一亮。作为中国当代著名的经济学家、原北大国家发展研究院的薛教授，凭着三寸不烂之舌把复杂深奥的经济学用大众能接受的通俗语言讲授，使在"得到"App平台上线的"薛兆丰的经济学"课程在短短两年时间收获了20万订阅用户，吸金超2000万元。薛教授的加盟使《奇葩说》节目糅入了学术元素，他总能从经济学的视角对辩题进行理性分析。这不仅增强了节目的学术性，而且有机地实现了理性的经济学与"奇葩说"相交融、相碰撞，这种交融与碰撞所摩擦出的异样火花让观众大呼过瘾。

(二) 新老"奇葩"同场斗奇，辩论现场火花四溅

前四季《奇葩说》节目产生的四位"奇葩"之王——马薇薇、邱晨、黄执中、肖骁——在本季节目中的身份也发生了巨大转变：他们分别担任四支战队的教练，教练带领队长与奇葩选手进行互选。后续将进行组队PK，争夺最后年度的"BBTEAM"。这种模式的创新不但保留了节目的精华，还打破了节目固有的框架，以老带新的模式巧用"传承感"及"新鲜感"进一步保持了节目的活力。

为解决观众诟病的前几季老"奇葩"待在舒适区的问题，在《奇葩说》第五季的比赛现场，第一场及第二场直接就是60人"1对1 Battle"，只留30人进入后续的组队PK环节。这对老"奇葩"来说也是一场异常激烈的比赛，比赛的规则更加残酷：要么走，要么留。在老"奇葩"不断修炼技艺的同时，新"奇葩"的实力也不容小觑。综观新一季的节目，新"奇葩"们的构成模式也令人玩味。有来自专业辩论圈的力量，例如复旦副教授辩论男神熊浩、新加坡国立大学辩论教练庞莹、哈佛辩论队队长詹青云等。这些专业的辩手用他们严谨的逻辑、缜密的思维、深思熟虑的论点为《奇葩说》第五季的舞台带来了满满的正能量。除此以外，摇滚酷炫的说唱歌手未来星用其独特的说唱逻辑征服了现场观众；综艺前辈沈玉琳总能用无厘头的段子迂回辩论引来现场观众的热情力挺。不同职业、不同背景的各路"奇葩"汇集在此，不同的论题、

论《奇葩说》的创意之道
The Creative Way of U can U bibi

多元化的辩论风格在《奇葩说》这个神奇的舞台中，相互碰撞，针锋相对，火花四溅，形成了一个奇妙的磁场。

观众原以为老"奇葩"一定会占据优势，但在实际比赛过程中一些老"奇葩"的马失前蹄，某些新"奇葩"的超常发挥，使比赛异常激烈，火药味四处弥漫。这种激烈异常的比赛使老"奇葩"的优势受到极大挑战：被喻为中年摇滚青年的飞飞，在面对讲着方言的新"奇葩"李思恒面前，状态不佳险些出局；新"奇葩"野红梅讨喜的路子差点压过老"奇葩"颜如晶。新老"奇葩"的对决，无形之中让观众对新一季的《奇葩说》增添了更多的好奇与期待。

除了选手间的针锋相对，四位导师也是火力全开，互相奇袭，每次辩题公布后，立即表明各自的立场。当讨论到"结婚前，我让伴侣在 TA 的房本上加上我的名字，有错吗"这个问题时，薛兆丰教授坚持正方观点认为："加名字这件事没错，从社会分工的不同的角度切入，认为在婚前谈钱是一个严肃的话题，应当考虑为女性适当的补偿"；而蔡康永导师则表示："人生中有很多事物比房子更加值得去探讨、追求，不要让两人的视野局限在被物化的房子上。"导师们独辟蹊径的总结带领观众从多维角度看待辩题，进一步引发了观众共鸣。

《奇葩说》走到第五季，在赛制上做出了大刀阔斧的改变。例如"1 对 1 Battle"到"车轮战""30 秒求生欲"，再到"开杠"等一系列刺激又紧张的环节设置，增加了挑战难度，考验着选手们的心理素质及快速表达能力。只有承受住多重挑战赛制设置的压力、负重前行的选手才能走到最后。当到组队联盟争夺"复活卡"比赛时，在节目中甚至出现了戏剧化的一幕。《奇葩说》第一季的冠军马薇薇在第五季《奇葩说》的表现状态有所下滑。作为教练的她，对于辩论话题的准备及对队员的培训不够到位，在第五季第六期的节目剪辑视频中显示，曾出口成章的薇薇姐的辩论显得仓促无力，她发言后观众的平淡反应及下面其他选手的窃窃私语，暗示着其论点乏味，其辩论实力遭到质疑。所以在争夺组员"复活卡"的这一期，为了增加节目的可看性，节目组果断地增加了"抢人"环节。当高晓松老师提出是否可以设置"抢人"环节这一建议时,马东立即表示赞成。在赛后接受采访时,马东兴奋地表明:"为什么世界要按照(马薇薇)你想好的和你设计好的方向去运转呢?"马东的这段话也是对老"奇葩"马薇薇抱团行为的善意提醒。出其不意的"抢人"环节设置也让观众过足了瘾。

三、《奇葩说》的创意营销

《奇葩说》在节目营销上也是极为成功的,其成功来自该节目在营销方面独有的创意。这种创意在节目内容营销与社群营销方面体现得尤为突出。

(一) 内容营销:花式口播、植入式广告创意无限

内容营销,指的是整合节目本身自带的内容题材,最大限度地利用其中的素材向用户传递有价值的信息,从而实现营销的目的。五季以来,《奇葩说》依托其强大的综艺 IP,使广告价值不断提高,每季的广告招商金额都在节节攀升,成为中国网综节目的吸金标杆。《奇葩说》之所以能受到广告主如此青睐,是因为巧妙地将广告的植入与节目内容进行创意性的深度融合。有的广告植入之所以不受观众待见的原因很多,其中一个重要原因就是广告制作水平低下、毫无创意或是部分广告硬性插入,与综艺节目的关联度低。创意有三大特征:原创性、震撼性、关联性。《奇葩说》的创意团队巧妙将创意的三大特征运用到节目的广告植入中,让广告本身与综艺节目融为一体。此外,令人惊叹的是《奇葩说》对于广告的植入毫不遮掩,甚至是大鼓旗张地宣传。马东作为爱奇艺的首席内容官,在念广告之前还会广而告之,以花式口播的方式念品牌商广告,其他导师及选手在话题讨论中也加以配合。这种特立独行的广告插播方式着实让观众眼前一亮,引起高度关注。

马东深谙年轻人的喜好,还拉着导师变着戏法一样念广告,与节目的内容有机结合,丝毫不显突兀。这种新颖式的广告宣传方式反而给观众留下了深刻的印象。《奇葩说》的主要观众群是"90 后",所以赞助的品牌基本与年轻人的消费、生活有关。例如"有范"App 冠名《奇葩说》,其团队对广告词进行

了改编。"穿衣用有范，争取不犯二""有钱有势不如有范"朗朗上口的广告语一下子吸引了年轻人的注意力。在节目播出后的第二天，"有范"App 一下子冲到了苹果官方商店下载量的前五名，可见"有范"的广告赞助在《奇葩说》收到了很好的效果。《奇葩说》的网络冠名费也是一路水涨船高，从第一季的美特斯邦威 5000 万元的冠名费到五季累计超过 15 亿元的冠名费，可以说《奇葩说》在我国网综类节目中独树一帜。到第五季中，广告赞助商涵盖了汽车、服饰、游戏、调味品等领域。诸如"'你爱行不行，我一路躺赢'的别克君越""一个很想红的新潮牌 HLA Jeans""搞定你最多三分钟的皇室战争""一勺干掉一碗饭的招牌海天拌饭酱"等广告词，因其简洁富有创意而朗朗上口，令观众印象深刻。让观众印象深刻的不仅是广告的台词本身所具有的创意，还有马东总能找到契机将广告的宣传语与每期的节目内容完美融合。例如，在其中一期节目中，爆红的宫斗剧《延禧攻略》里魏璎珞的扮演者吴谨言做客《奇葩说》录制现场，当其他四位导师对剧中魏璎珞这个人物全部做出点评与赞许后，马东有条不紊将对现场嘉宾的赞美与广告的口播完美地融合在一起。他对吴谨言说："魏璎珞这个角色在宫中是那种靠实力，一路躺赢，你就是后宫的别克君越。"此说引来现场阵阵掌声。《奇葩说》的参赛选手也在辩论中"融会贯通"地插播起广告。他们在辩论时将众多广告语融入辩论的话题中，让现场观众会心一笑。有时特邀的嘉宾也会灵机一动，将广告语也完美镶嵌在自己的发言中。在某期节目上，当马东老师调侃特邀女神吴莫愁为什么要在鼻子上戴一个饰品时，吴莫愁机智回应"有范，OK！"嘉宾回答竟然与广告植入无缝连接。花样百出的《奇葩说》广告口播给观众们留下了深刻的印象。这种"见缝插针"的广告植入模式赢得了年轻观众的欢迎与好评，创意的营销方式无形中也提升了观众对其品牌的好感度及购买欲。

（二）社群营销：精选瞄准奇葩社群成员多元化产品需求

《奇葩说》在社群价值变现这块设计可以说是非常成功的。著名学者吴晓波曾说："作为运营者，要确定一个社群的价值，乌合之众是没有价值可言的。"《奇葩说》凭借其高内容价值培养了一批忠实的观众，《奇葩说》打造的奇葩社群带来的粉丝效应不可小觑。

社群营销就是基于相同或相似的兴趣爱好，通过某种载体聚集人气，通过产品或服务满足群体需求而产生的商业形态。有业界学者（王艳玲等，2017）分析了《奇葩说》独特的社群营销模式中指出："大量的广告赞助使得节目拥有更多的资本去回馈社群。"所以，《奇葩说》节目在线上通过节目微信号问卷调查了解关于观众对节目的期望，通过抽奖或是以留言点赞数等方式来抽取幸福观众送出决赛门票等活动，在线下《奇葩说》会定期组织奇葩选手的签售会及粉丝见面会来增强粉丝黏性。

《奇葩说》节目在马东团队的带领下，打造出"内容生态链"来吸引奇葩社群的用户群体。例如，观众们可以在爱奇艺上找到《奇葩说》第一季到第五季的所有视频。颇具争议的话题、有趣的辩论、奇葩的选手都吸引大家对《奇葩说》的兴趣。随后马东团队推出免费综艺脱口秀节目《饭局的诱惑》，其衍生作品《奇葩来了》，开启了观众对奇葩选手选拔台前幕后的窥探。其付费节目《好好说话》更是吸引了众多奇葩铁粉捧场。在其官方的微信公众号"东七门"能找到米未小卖部，里面有众多小零食，并配以特色名字——粑粑瓜子、好厉害原味薯条、撒娇牛肉等——及广告进行营销，以此来吸引《奇葩说》粉丝们购买。

从线上到线下，《奇葩说》五季都收获一群属于《奇葩说》的超级粉丝，也不断吸引更加年轻的群体加入，不断地加强与活跃粉丝的连接，不断地增加用户的参与度及保持其粉丝黏性，从奇葩社群的构建进行奇葩社群价值变现。这商业模也印证了爱奇艺 CEO 龚宇构思的"大苹果树模式"，即实现同一内容 IP 下的多种商业模式、包括广告、收费、电影、动漫、游戏、电商等衍生生态链（唐英等，2016）。

四、总结

随着时代的进步及观众审美力的提高，大众对于娱乐方式的选择也越发多元化，综艺节目必须要以持续的创新力来不断优化作品的内容，这样才能不断地吸引观众的注意力，特别是"综 N 代"节目，面对迭出不穷的新型综艺节目，更需要注意在做好留存忠实用户的同时，还必须要有持续创新、大刀阔斧改革的勇气及魄力，兼顾娱乐性与正确价值观输出的平衡，认真面对市场的反馈及做好市场持续的调研工作，从前期创意策划、创意赛制设置、创意营销方面做出新的创新及突破，在日益激烈的综艺节目中占据一块高地，获得大众的认可及喜爱。《奇葩说》第五季的求变及创新，不仅是延续 IP 品牌价值的有力体现，更是爱奇艺打造全方面 IP 延续的有益尝试。

参考文献

［1］陈征宇. 从《奇葩说》看网络自制视频节目的突围之道［J］. 当代视，2015（5）：53-54.

［2］姜梦雨. 网络自制综艺节目的成功突围——以爱奇艺《奇葩说》为例［J］. 新闻世界，2015（5）：123-124.

［3］唐英，尚冰靓. 大数据背景下网络自制综艺节目的特征及趋势探析——以《奇葩说》为例［J］. 新闻界，2016（6）：49-52.

［4］田芸泽. 网络自制节目《奇葩说》成功之道分析［J］. 东南传播，2015（7）：104-106.

［5］唐英，尚冰靓. 大数据背景下网络自制综艺节目的特征及趋势探析新闻界［J］. 2016（5）：52.

［6］王亚红. 网络视频节目特质探索——以《奇葩说》为例看"网生代"节目［J］. 声屏世界，2015（5）：62-64.

［7］王艳玲，陈龙. 自媒体时代《奇葩说》的社群营销模式探析出版广角［J］. 2017（4）：13.

［8］杨蓉. 网络综艺节目《奇葩说》的成功因素分析［J］. 传播与版权，2015（8）：95-97.

［9］周瑾. 大数据时代网络自制综艺节目的制胜之道——以爱奇艺《奇葩说》为例［J］. 新闻研究导刊，2015（616）：43-44.

[10] 周桃, 徐明. 论视频网站自制节目发展走向——以爱奇艺《奇葩说》为例 [J]. 新闻知识, 2015 (9): 56-58.

[11] 张岩松, 穆秀英. 文化创意产业理论与实践 [M]. 北京: 清华大学出版社, 2017.

The Creative Way of *U can U bibi*

— An Analysis on the Fifth Season of the Internet Program *U can U bibi*

CHEN Yu-heng

Abstract: Faced with the general weakness and declining viewing situation of the "Comprehensive N Generation" program, the production team of the fifth season from the network program *U can U bibi* actively innovated, and returned to the audience's horizon with a new program mode and new competition system, arousing the audience's enthusiasm and attention to the program *U can U bibi*. The reason why the program can be recognized and loved by the public is that its brand value is still unique in the online internet market, thanks to the unique creativity of the program. This paper probes into the creative way of the fifth season's program *U can U bibi* from the aspects of planning, setting up competition system and unique marketing mode.

Key words: Fifth season of *U can U bibi*; Creative planning; Creative competition system; Community marketing; Community market

创意管理评论·第4卷
CREATIVE MANAGEMENT REVIEW, Volume 4

创意经济

Creative Economy

"创意城市"再认识：发展范式与政策审视[*]

◎ 韩顺法　苏　佳[**]

摘要： 创意城市既是一种新的城市发展范式，也是一种新的城市发展哲学。它被广泛认可的根本原因在于符合城市发展和人类社会的演进规律，符合人们对城市美好生活的向往，体现了人类的根本福祉。在现代城市问题不断涌现的背景下，创意城市提供了一个相对合理的解决方案，它立足于每个城市的资源特色，通过激发城市居民的创造力而使城市达到持久的繁荣。创意城市孕育着创意经济形态，遵循以人为本的发展原则，强调创新的重要作用，根植于城市文化底蕴。综合现有城市发展的经验，可以把创意城市划分为创意阶层导向型、科技创新导向型、创意产业导向型和文化特色导向型四种发展模式。我国创意城市发展应根据自身的发展阶段和资源基础，结合我国经济新常态、大众创业万众创新、特色小镇发展的时代背景，应把握机遇，建立健全体制机制，建立创意城市专门推进机构，实施多种政策措施，大力

---

[*] 本文系南京市委宣传部重点招标课题"南京创意城市指数体系构建研究"的阶段性研究成果。

[**] 韩顺法，南京师范大学社会发展学院，博士，副教授、硕士生导师（江苏 南京 210043），研究方向：文化创意产业、文化经济，电子邮箱：hansf612@126.com。苏佳：南京师范大学社会发展学院，硕士研究生。

创意经济
Creative Economy

推进创意城市建设。

关键词：创意城市；创意产业；发展模式；政策措施

回顾创意城市的发展历程及研究脉络，能够发现创意城市的提出不仅有着深厚的时代背景，而且也是一个全新的城市发展哲学。在城市社会学、城市规划学、地理学、经济学和文化哲学等不同学科的逻辑推理下，创意城市的兴起皆被视为城市发展的必然。在面临传统经济产业衰退、城市生活品质恶化、全球化竞争加剧等问题时，创意城市已经成为解决现代都市问题和推动城市复兴和再生的新途径。截至2017年，已有72个国家的180个成员城市加入联合国教科文组织推出的"全球创意城市网络"（Creative Cities Network）。实践表明，创意城市已不仅仅是城市发展的理念规划，而是被广泛推动和认同的城市发展新模式。综合来看，创意城市是孕育创新的有机体，它的发展关系到城市文化的传承创新、新经济动能的形成和人类福祉的提升。对中国这样处于转型期的发展中国家而言，探究创意城市的成长规律既是一个值得关注的现实问题，也是一个值得研究的学术命题。

一、创意城市的生成逻辑

创意城市不是严格的学术概念，而是一种推动城市复兴和重生的模式（厉无畏，2009）。该模式背后蕴含着城市发展的新理念，勾勒出推动城市保持持久活力的新思路，它强调了创意因素在城市社会发展中的主导性地位。综观世界各地的创意城市，尽管它们充满了个性和特色，但在城市目标定位、产业选择和经济特征上存有诸多共通之处。

（一）创意城市孕育新的经济形态

在美国城市经济学家简·雅各布斯眼中，创意城市是继工业化大生产体系之后出现的又一种新的生产体系。该体系具有灵活性、高效率、适应性，拥有依靠创新和想象力进行经济自我修正的能力，是国民经济转变经济发展模式的实现方式（刘平，2010）。日本创意城市研究者佐佐木雅幸也提出了类似的观点，他认为创意城市是基于市民创意活动的自由发挥，文化与产业均富于创造性，同时具备脱离了大生产体系的、创新性的灵活的城市经济体系，能够创造性地解决全球性环境问题或区域性社会问题，拥有丰富创意场所的城市（佐佐木雅幸，2003）。在这个意义上，创意城市是工业社会进入后工业社会的必然产物。伴随着经济社会的转型，城市经济发展方式出现了重大转变，创意经济成为城市可持续发展的高级形态。与此同时，产业结构不断升级，创意产业演变为新经济的标志性高端产业。创意产业不单是自身产业发展的问题，它代表了一种新的经济发展模式，借由创意的广泛扩散、融合，开拓了相关产业的发展空间，提升了原有产品或服务的最终价值，加快了相关产业更新的步伐。在创意经济形态下，创意是经济增长的新动力，它在一定程度上弥合了传统上经济与文化之间的鸿沟，实现了经济与文化的紧密互动。创意经济之所以成为经济增长的新动力，是因为创意经济具有强大的要素资源黏合能力和整合功能，有效推动资源配置方式的优化和财富的裂变式扩张，是当代市场经济孕育下的经济新形态。

（二）创意城市遵循人本主义导向的原则

在世界范围内，城市化进程日益加快，越来越多的人口集中在城市工作生活。让市民生活更美好、更幸福是每个城市发展的终极人文目标。按照城市发展的经济逻辑，城市的形成与规模的扩大依赖于其工业生产属性的确立，通过更多的资本、土地、人力和自然资源等生产要素的投入促进城市经济的发展，以形成规模聚集效应降低市场交易成本。然而，传统的生产要素和禀赋、传统的生产组织方式以及传统的产业结构并不足以引领城市的永续发展。相反，既有的城市发展模式面临着越来越严重的城市病，人们的生活质量和幸福程度并没有随着城市扩张而大幅提升。创意城市正是基于城市衰落而提出的解决方案，它致力于构建有利于人们从事生产、创造和生活的场域，并通过场景塑造融入相应的文化意义，增强人们的认同感和归宿感。英国经济学家汤姆·坎农认为创意城市就是"人的城市"，奠定了西方创意城市研究的人本主义导向基础（向勇等，2007）。在经济层面，增长越来越依靠人的创造性，信息的广泛应用使传统的生产组织和产业结构正在发生变革，人的主体功能增强。在哲学层面，创意城市可以通过创意和创新思维的普及，从源头上进一步解放生产力；同时还可以通过劳动状态的改进，逐渐缓解人的压力和社会的张力，使人类的存在状态进一步得到提升（李成彬等，2016）。创意城市寄托于人的本质力量的释放，让人们的思想得到解放，能动性得到增强，城市的生产力也就具有了无限的可能性和可持续性，在创造物质财富的同时还能获得生存状态的人性复归。

（三）创意城市强调创新的重要作用

创新是人类社会发展的根本动力，也是城市所拥有的核心竞争力。创新源自于创意，创意是驱动一座城市创新发展的内隐性因素。Neil Bradford 认为创意城市是一个动态的、实验的创新场所（Neil Bradford，2004）。世界"创意城市"研究的代表性人物英国学者兰德利认为，创意城市是解决现代都市问题的新途径，城市要达到复兴，只有通过城市整体的创新，而其中的关键在于城市的创意基础、创意环境和文化因素，任何城市都可以成为创意城市，或者在某一方面具有创意（Charles Landry，2000）。创意城市本身就是一个创新的城市发展理念，而且致力于构建孕育创新的地域社会空间，它提倡文化的多元性和包容性，意在使人的天赋所具有的潜在创意能力恣意生长而不受遮蔽，其所形成的"场"能够让人们从经济交往与文化交流中不断地获得创新灵感，能够让人们不断地创造与被创造。城市发展史表明，人的创造力、人的思维和观念中蕴藏着巨大能量，建设创意城市的根源任务就是利用和挖掘潜在创意能量，培育和鼓励城市内在的创造力。在人的创造力主导下形成的创意产业，是支撑创意城市建设的重点产业，具有典型的创新性、跨界性和延伸性特征，能够创造性解决城市发展所面临的各种问题，而且容易与传统产业深度融合，形成新的经济发展模式。可以说，创新是创意城市的灵魂和本质特征。

（四）创意城市根植于城市文化底蕴

在工业经济时代，城市建设"千城一面"，城市历史文脉和城市记忆常被割断，城市个性和韵味也随之消失。文化是城市的灵魂，城市是文化的躯体。缺少文化支撑的城市，吸引力会大大减弱。鉴于全球化进程中城市同质化趋势的发展困境，创意城市发展理念展现了有效的解决途径。Hospers 等认为，要解决"全球化—地方化的矛盾"，在全球化过程中城市必须更加依靠自身独特的个性（Gent-Jan Hospers，2003）。城市个性的彰显，只有通过创意途径才能在竞争中获胜。然而，城市的创意资本不是凭空产生的，每个城市只有着眼于自己所拥有的独特文化，才可能激发出该城市的无限创意与活力。究其根源，真正起作用的是城市的历史文化。这里的历史文化指城市文化遗产的内容。囿于此，文化遗产的历史延存性、未来指向性使其与当下的创意城市建构产生了直接关联。对创意城市的建设来说，文化遗产的深度挖掘、阐释与激活显得至关重要。如果让每一项文化遗产在当下继续发挥影响，必然要进行创造性的转化，以适应今天的大众特别是青年一代的趣味。可以预测，进入后工业社会，文化将会伴随市更新而再次复兴，创意城市建设的成功与否取决于文化的创新和繁荣。创意城市作为"以人为本"的城市，它强调利用城市既有的文化资源和产业资源，通过人的创造性发挥及整合形成创意原动力。在这个意义上，创意城市是文化与创造力、传承与创新、文化与经济之间的完美结合。文化是推动创意城市建设的起点。

二、创意城市的发展模式及适应性

创意城市是个开放的建设系统，它不需要一个固定的模式去约束城市的创造性发展，或者说它只是提供了实现城市持续发展的一种转型战略，具体的选择由每个城市根据自身的资源禀赋和外在环境条件去规划。现实的情况是每个城市的基础条件差异很大，资源禀赋也各不相同，所采纳的发展模式也日趋多元化。许多学者试图总结创意城市不同发展模式的类型及特征，Hall 认为每个时代都存在类型不同的创意城市，他将创意城市划分为技术—生产创新型、文化—智能创新型、文化—技术创新型（Hall P. G.，1998）。Hospers 在 Hall 研究的基础上，从经济与城市发展的历史进程考察，总结出四种类型的创意城市，即技术创新型城市、文化智力型城市、文化技术型城市、技术组织型城市（Gent-Jan Hospers，2003）。他们从城市发展史角度出发，立足于特定历史阶段的城市，着重于城市历史发展经验的概述。Pedro Costa 则从现代视角梳理了关于创意城市的研究，认为创意城市主要有三种类型：一是对城市日常问题能够有新的解决途径的城市；二是注重创意产业发展的城市（关于创意城市最普遍的观念）；三是能够培育、吸引、留住创意人才的城市（Pedro Costa，2007）。这种思路对创意城市发展路径提供了借鉴，但仍没有明确地划分标准和范围边界。据于此，从创意城市的发展理念出发，把国内外创意城市的发展模式大致划分为创意阶层导向型、科技创新导向型、创意产业导向型和文化特色导向型。

（一）创意阶层导向型模式

创意阶层导向型模式主张以创意阶层的培育与集聚推动创意城市发展。创意阶层理论提出以后在国内外产生了巨大的影响，许多学者探寻了创意阶层与创意城市的内在关系，多数研究认为创意城市建设的根本任务是能够吸引并留住创意阶层群体。Richard Florida 在《创意阶层的崛起》一书中强调，城市在去工业化过程中，创意阶层发挥着重要作用，因为它是城市更新的重要推动力、社区活力的重要源泉，该群体的区位选择代表着城市转型与发展的风向标。创意人群是指科学家、工程师、建筑师、设计师、研究员、艺术家、企业主、教师和记者等，其本质特征是"创造新理念、新知识、新服务和新产品"。创意人群作为产生创意的主体，不断涌现并飞速壮大，成为国家之间、城市之间争夺的重要资源（理查德·佛罗里达，2010）。创意阶层受城市包容性、便利性等因素的影响，而企业会因创意阶层在该城市的集聚而集聚，创意阶层对城市发展的价值由此受到重视。关键的问题是如何吸引并留住创意阶层？新芝加哥学派领军人物特里·克拉克提出的"场景理论"对这个问题做出了回应。场景理论作为新芝加哥学派的城市研究新范式，把城市空间的研究从自然与社会属性层面拓展到区位文化的消费实践层面（Clark Terry，2013）。

"创意城市"再认识：发展范式与政策审视
Creative City: a New Paradigm of Urban Development

他们对纽约、洛杉矶、芝加哥、巴黎、东京和首尔等大城市进行研究后发现，都市生活娱乐设施的不同组合会形成不同的区位"场景"，不同的区位场景蕴含着特定文化价值因素，文化价值观因素又吸引着不同群体，从而催生并形成高级人力资本与新兴产业的聚集效应，推动着城市更新与发展。

总体上看，国外学者偏重于从创意阶层的角度来阐述创意城市出现的条件、背景和发展建设，而且提出了相应的理论体系。但该理论在实际运用中却遭遇了诸多的非议。首先，在创意阶层群体的认定上存有误区，创意阶层往往指那些有较高教育水平的人员，现实并不能证明教育水平对创意能力有直接的决定关系；相反，一些教育程度不高的手工业从业人员一样具有较高的创意生产水平。其次，创意阶层与人力资本的概念有较大重合，在这个意义上，创意阶层并没有多大的新意，相关实证研究并没有发现创意阶层集聚对城市经济增长有明显的促进作用。再次，以创意阶层理念推动创意城市建设还会导致过于关注少数创意群体的生活感受和价值认同，相对忽视更为广泛的城市居民的现实需求，游离于城市发展以人为本的发展目标。最后，该模式会增强城市间对创意人才需求的竞争程度，最终会使创意人才不断向少数大城市迁移，影响到创意城市发展的空间均衡性，使小城市离创意城市的目标更加遥远。

（二）科技创新导向型模式

科技创新导向型创意城市强调科技创新推动城市发展的主导作用。科技创新不仅影响城市内部各类资源的重组分配和组织协调，并且能在一定地域范围内产生显著的推动力和吸引力。任何城市发展理论、科技创新都被视为不可或缺的要素，科技创新导向则是更高的要求。以科技创新为导向的创意城市需要有一定的高新技术产业规模和丰富的科教研发资源。例如美国的创意城市波士顿、纽约、洛杉矶、芝加哥等，都集中了一流的教育科研机构、雄厚的科技实力，具备较强的创新能力与明显的产业优势。除此以外，完善的创新系统是科技创新导向型城市的主要特征。城市创新体系是指在一个开放的城市网络系统中，诸如公司、组织和机构等参与者，它们在生产过程中因新知识的产生、传播和使用而交互作用。其中，参与者行为主体包括生产部门、科学研究部门、创新支持单位及公共机构部门等。判别一个城市是否为科技创新城市，主要涉及的评价特征包括：科技创新成果产出较多；高新科技产业成为主导产业；其他产业进步主要依赖新科技的运用；高科技人才集聚的数量众多；等等。

科技创新导向的创意城市主要体现了科技的创意水平，注重科技创新对经济发展的支撑作用和产业结构升级的促进作用，更多是从生产供给角度展开的。值得指出的是，该模式依然把城市看成一个经济实体，相对忽视了城市居民生活场景的塑造和消费端的需求，与创意城市追求以人为本的综合功能有所偏差。科技创新导向比较适合追求产业结构转型升级的城市，通过科技创新让稀缺要素由低效率的市场主体流向高效率的市场主体，提升或创造新技术产业的市场空间。但是，并非所有城市都适合建设科技创新型城市，建设创新型城市要具备一定的基础和条件，如经济较发达、政府治理效率较高、科技资源聚集、土地等要素资源稀缺等。同时，还需有能力处理科技与环境的协调发展、平衡各阶层之间的利益分配，以保持城市利益主体目标与城市发展目标一致。

（三）创意产业导向型模式

创意产业导向型创意城市主张把创意产业作为城市经济的主导性产业。创意产业是伴随城市文化和经济转型而兴起的新兴行业，在这个意义上，创意城市的提出得益于城市创意产业的发展，致使许多学者和政府至今仍然把创意城市和创意产业相提并论。一般国际大都市转型发展的基本规律表现为"去工业化"和服务经济的高度发达，即制造业比重持续下降，服务业比重上升，尤其是生产者服务业集中度提升。城市在面临经济衰退时，必然去寻找更能创造价值、更能适应环境变化、更具有辐射力和融合性的新产业上，并淘汰不适应的旧产业结构。创意产业的许多门类在产业分类中都可归于服务业，设计、研究开发、咨询、会展策划等为生产性服务，也有信息、文化艺术、时尚消费等消费性服务内容，创意产业是第二产业、第三产业共同发展的结合点，是城市经济发展的新内容和新载体，能够促进城市服务经济的发展。一些工业城市、资源枯竭型城市、后工业化城市都将发展创意产业作为调整和优化城市产业结构、促进城市转型的一个突破口，并视其为创意城市建设的最有效的抓手

(刘平,2012)。

创意产业在许多国际著名城市的经济发展中占有重要地位,比如伦敦,明确提出了创意伦敦计划,从政府主导的角度介入创意产业发展,创意产业已成为伦敦缔造财富的主要产业,也是第二大就业产业。就我国而言,国内对创意城市的理解多数从使用功能主义出发,希望通过创意产业发展繁荣城市经济,一定程度上违背了创意城市注重综合社会功能的初衷。当然,我国城市重视创意产业的主张与经济发展阶段不无关系,我国当前仍然处于经济快速发展阶段,物质和精神财富创造仍然占据主导地位,不论任何发展模式必须有具体的产业作为支撑,那么,选择创意产业宜在情理之中。不过,作为新兴的创意产业还不能起到带动整个城市经济发展的作用。文化创意产业发展不仅需要雄厚的经济基础,而且还需要具备丰富的创新资源。对我国的许多城市而言,创意产业仍是待培育的支柱性产业。

(四) 文化特色导向型模式

文化特色导向型创意城市注重城市文化的创造性开发,通过特色文化塑造城市形象,构建城市核心竞争优势。文化是城市的灵魂,城市是多元文化汇集的地方,也是文化发展的重要空间载体。在历史进程中,每个城市都拥有自身独特的文化资源,把城市文化资源转化成经济资源融入到市民日常生活中是创意城市价值所在。创意城市只有根植于深厚的地域文化中,才能获得持久的影响力和认可度。联合国教科文组织本着文化多样性的原则,着手推动全球创意城市网络,旨在将全球以创意和文化作为经济发展主要元素的城市联结起来,借此推动社会、经济和文化发展的国际城市网络联盟。全球创意城市网络设立了7种类型的文化特色城市,分别是文学之都、电影之都、音乐之都、民间手工艺之都、设计之都、媒体之都和美食之都。最初只是对中小城市进行这方面的选拔与推动,但是在发展的过程中,全球著名城市也积极参与其中。在中国,北京、上海、深圳加入了世界城市的设计之都,成都获"美食之都"称号,先后共9座城市成为该网络成员。从国际发展的角度来看,全球创意城市网络对中国的城市发展具有特别重要的意义。

在全球城市面临着激烈竞争的背景下，凸显文化特色是获得地域身份认同的有效手段。从创意城市到创意城市网络是由个别地域到全球网络化演进的逐步深入、蔓延的动态过程。塑造城市文化特色，对每个城市的长远发展都意义非凡。在这一点上，国外学者一直较为重视文化建设，尤其是从创意城市构建对人的意义的视角，来衡量城市的创意成效；而国内学者则较偏重从经济和产业的角度出发，衡量创意经济的产出效益。对我国而言，文化导向型创意城市建设的关键在于：一是城市应具有一定的人文历史积淀和较为丰富的文化资源；二是城市要具有将文化资源向现实生产力转化的能力，让文化特色融入城市建设、产业发展和日常生活。否则，空谈文化易于丧失创意城市建设的积极性。从总体上来说，文化导向型创意产生对政府、企业和社会各参与方都有着较高的要求。

三、推动我国创意城市发展的政策启示

英国城市学家 Landry 指出：创意城市的哲学在于任何城市无论大小都具有我们意想不到的潜力，创造力可以来自任何从事创新活动的普通人，比如工人和服务员（查尔斯·兰德利，2009）。可以说，每个城市都具有成为创意城市的潜力和潜能。创意城市发展没有固定的发展模式，在推进中可以进行开放式探索，我国创意城市发展需要结合具体的发展阶段、经济基础、文化资源禀赋，选择合适的发展模式并为之提供良好的发展环境和完善的制度设计。

（一）我国创意城市发展机制借鉴

1. 制定创意城市的持久发展战略和政策法规

创意城市符合城市长远发展的目标，具有高度的人文精神，与提升人类福祉相一致，是着眼于人类、着眼于未来的城市发展哲学。一个城市真正建设成为创意城市，需要有高度的政策自觉和长期的措施跟进，需要从整个城市未来发展战略的高度来考虑和实施创意城市发展计划。而且创意城市的发展不是一次性结果；相反，它是一个长期的推进过程。因此，制定的创意城市政策必须

持久。如缺少时间的沉淀，城市无法变得更加富有"创意"。比如城市筹备一个节庆，要将活动从一任市长传递到下一任市长手中，甚至传递给下一代人，这样才能形成城市的文化品牌。另外，创意城市建设的目的不只是创意产业自身的发展，或者仅仅只为实现一些经济目标，也不只是为实现某些文化目标，它是整个城市以及社会经济发展目标的重要组成部分。为此，必须制定一个城市长期和短期相结合的发展规划。另外，多样化的创意和积极的公众参与，都需要政策法规加以保障。如新加坡围绕创意城市和创意产业制定了《创意产业发展策略：推动新加坡的创意经济》《文艺复兴城市2.0》《设计新加坡》和《媒体21》等详细规划。

2. 建立专门的创意城市推进机构

政府对推进创意城市建设的作用无可替代，而且建设一个更加美好的城市也是政府的应尽职责。推进创意城市涉及对创意作为一种生活方式的广泛认可，会在公共行动的层面而非部门层面上产生联系，包括经济发展、教育、医疗卫生、规划建设、社会保障、旅游、城市生活、娱乐和艺术创作等许多活动领域和部门。任何单一部门或行动都无法面对创意城市的整体推进方案，它需要城市政府多个部门的协同联动。因此，建立跨部门的专门推进机构非常有必要。从国际范围看，推进机构一般是由市长任负责人，下设"顾问委员会""资深委员"和"推进委员会"，"顾问委员会"成员包括商会负责人、著名企业家、市民代表、企业经营者协会顾问和大学或研究机构学者；"资深委员"由规划局长担任；"推进委员会"则由市民参与推进局、旅游局、环境局、产业振兴局、建设局、城市规划总局、文化文物局和教育局的正职负责人构成。在委员会之下再设"行动小组"和"创意城市推进办公室"，具体负责实施推进创意城市建设的各项措施。这种组织设计最大可能地让各方参与，包括市民参与，且便于协调和组织各方力量，还有具体负责落实实施事项的行动小组和办事机构，有利于保证创意城市建设的各项措施能够确实落到实处，得到贯彻执行。在我国，创意城市推进部门多由党委宣传部门牵头负责，协同城市政府的规划、文化、旅游、经信委等部门共同参与创意城市建设，形成

"推进委员会"，下设"推进办公室"。在制定设计层面，基本符合我国国情，但在决策程序上仍然不够科学，在资源整合能力和推进力度上还有进一步提升的空间。

3. 借助中间组织和公共服务平台运作和执行创意城市政策

单独依靠公共部门无法履行创意城市的综合政策，公共部门没有能力承担与各种分散的目标群体和利益相关者进行交流的繁重工作。这使得鼓励创意团体进行自组织，以及建立中间组织，使之担负起与创意人士及团体沟通这项繁重的工作变得十分重要。比如我国深圳以设计之都的身份已经加入全球创意城市网络，许多具体的推进工作由深圳工业设计协会承担。另外，还可由政府出资或者由政府和民间共同出资设立专门机构，既可以推进创意城市的建设，又可以作为公共服务平台来提供孵化、培训、指导、展示、咨询、技术、信息、网络等多种服务。英国伦敦的多个"创意枢纽"遍布市内各个区域，除一般的公共服务之外，还提供销售服务；日本名古屋的国际设计中心充当的是公共服务平台角色，它的服务除咨询、辅导、指导、孵化、数据库之外，甚至包括直接为企业提供策划、人才（设计师）派遣、管理、设计制作服务，具有较强的公益性和市场性，该模式非常值得借鉴推广。中国南京以政府出资和私人出资共同组建了南京创意设计中心，承担了创意孵化、设计推广等多项公共服务功能，取得了较好的宣传效果。这种机制设计既能解决政府部门资源整合能力不足的问题，又能提高工作效率，减轻政府工作负担以及资金投入压力。

（二）我国创意城市发展的具体举措

1. 梳理城市发展的创意资源

不同的资源基础、不同的发展阶段，自然影响创意城市选择不同的发展模式。现阶段，我国城市数量众多，尽管大多数城市都有着深厚的历史文化底蕴，但在工业经济的影响下，不同城市的差异性日渐消失，城市特色大大减弱。在这种背景下，创意城市的发展变得更加迫切。创意城市的建设并不是一味追求新的事物，而要将城市建设与现有资源巧妙结合，使得创意城市具有自身的特色。创意城市建设必须建立在城市既有创意资源的基础上，城市创意资源主要包括自然资源、产业资源、科技资源、人力资源与人文历史资源。现阶段，每个城市应该全面梳理自身的资源存量，发掘自身的资源优势。依照城市最具有比较优势的资源，凝练特色，多方整合，并对其创造性转化。

2. 推动文化创意与相关产业融合

创意城市的建设并不是空洞的理念，它需要将城市的特色文化资源运用创意元素融入到诸多产业体系中，在产业的规划、产品的设计、商品的营销等环节，最大限度地增加文化元素。通过文化创意与相关产业融合，促成不同行业、不同领域的重组、提升、合作，推动相关产业升级。在这个意义上，管理创意城市非常依赖于那些能够跨学科或行业来思考，进而联合不同行动领域的联络者的存在。为此，需要多种途径搭建文化创意与相关产业融合的公共服务平台，具体可由政府或企业主导，也可以公私合营。同时，还需要明确文化创意产业在产业融合中的支撑性地位。虽然创意阶层对创意城市很重要，但只有将他们的聪明才智转化为实际的创造性成果，才能带来更多的社会效益和经济效益，由此可见，文化创意产业的发展至关重要，是创意城市建设最为有利的抓手。

3. 实施文化与科技领域创新创业的"双驱动"

"中国创时代"全面开启。"创时代"不只包括科技领域的创新创业，还包括文化领域的创新创业。科技创业和文化创业形成"新双创"局面。对创意城市而言，应充分发挥城市文化艺术类人才资源丰富的优势，培育文化创客，让更多的文化从业者有机会实现自身的价值。围绕文化创客，建立创意集聚区、创意工厂、创意实验室、创客空间、创意企业孵化器，构建服务功能全面的创业空间载体。实施从"创新能力——创业实训——创业孵化"全周期的人才培育计划，对创新成果、创业实践给予市场、政策资源的对接服务，全方位服务文创人才和项目。同时，加大中小型创业文化企业的财政资金的扶持力度，建立文化企业公共融资平台，帮扶企业融资和成长。在"万众创新、大众创业"的热潮下，真正形成文化与科技双驱动的战略格局。

4. 培育包容的城市文化精神

城市宣传部门尤其要加强城市文化精神的培育和宣传工作，这是创意城市建设的重要组成部分。多元、包容和开放是城市创意生态系统的基本特征。为此，应创造一个公平、竞争与合作的创新环境，营造一种鼓励创新、崇尚创新、鼓励创业、宽容失败的政策环境和文化氛围，树立解放思想和实事求是的价值观，进一步激发全体市民的创造活力。每个城市应根据城市自身的特点，形成创意城市的核心价值观，让创意和创新成为全体市民共同的价值取向和"集体意识"。充分利用好各种城市休闲空间和生活空间的文化宣传策划，让城市中的每个人能强烈感受到这种文化特质的魅力。最终，塑造出能够吸引、留住、适宜创意人才和激发本地市民创造潜力的人文气候、社会网络，提供创意人才需要和追求的生活方式，吸引创意人才集聚和创新创业。

5. 发挥非营利组织及大学的作用

创意城市应注重非营利组织的培养。非营利组织是一些有着特定愿景和使命的"社群"组织，是从社会利益最大化的角度自觉付出努力、实施行动，是一群为了某种事业和共同目标相聚在一起的伙伴，而非经济利益关系的合作共赢（于本瑞，2014）。这种"志愿者"式的自觉和执着创造的社会群体，是一般的经济组织所难以比拟的。他们通过组织社会的力量来解决面临的各种问题。各种功能不同的社会团体或"社群"正成为"经济社会"向"创意社会"转型的动力。与此同时，大学也是一个开放的社区，是学术、科研、创新的发源地，也是推动文化传承、文化创新的重要社会组织。所以，一个立志建立创意产业的城市，必须合理地利用当地大学的资源，让大学真正融入城市经济、社会和文化等方面。

6. 鼓励公众参与和社区总体营造

创意城市建设是个系统工程，在政府做好宏观环境塑造和氛围烘托外，需要全社会各类团体的共同参与，形成真正的开放包容的创意生态场。创意城市的发展经验充分表明，广泛的公众参与、集合多人的创意智慧是成功的重要法宝。因此，应把公众参与纳入创意城市推广计划之中，并制定合理的参与程序和制度规范。另外，社区是公众生活的场所，也是落实创意城市行动的空间单元。"社区总体营造"将起到非常关键的作用，其目的是借由文化艺术的方案推动，凝聚社区意识，改善社区的生活环境，并建立社区的文化特色。由学者、艺术家和政府倡导的"社区营造"影响着民众主动参与日常生活美学教育，让公众参与的审美文化呈现多元化。如台湾地区，在"社区营造"方面具有自下而上的民众主动性，大众业已形成良好的审美氛围，这也让文创有更大的市场空间和价值想象。

7. 鼓励创意城市加入全球创意城市网络

我国应积极鼓励加入联合国教科文组织发起成立的全球创意城市网络。全球创意城市网络的基本宗旨是：使处于经济和技术全球化时代语境下的城市倡导和维护文化的多样性，并将本国城市在社会、经济和文化发展中的成功经验、创意理念和创新实践，向世界各国城市的管理者和市民开放，从而使全球的城市之间能够建立起一种学习和交流的关系，推进发达国家和发展中国家的城市社会、经济和文化的发展。具体而言，通过加入"全球创意城市网络"，能在全球性平台上展示城市文化财富，提升城市的全球知名度和影响力；有利于形成创意导向的城市发展模式；便于城市与各种世界文化组织分享创新知识；有助于当地的文化传承，培育本土文化的商业化能力。在全球一体化背景下，应制定鼓励措施，让更多城市积极加入全球创意城市网络。

8. 推动创意园区走向创意社区

创意园区是文化创意产业发展的重要载体，能够有效推动创意城市建设。现阶段，从创意产业的战略设计来看，"园区"式的发展理念并非唯一的选择，"二战"后欧美国家不断出现的创意社区，对于破解当前我国创意园区的发展困境，或许具有借鉴意义（王亚云，2015）。这些运动的重要特色之一，就是普遍以社区为单位来改善人居环境。值得关注的是，这场运动在取得较大社会效果的同时，还意外地收获了一批具有标本意义的"副产品"，即创意社区。从创意园区走向创意社区，极大拓宽了园区的发展思路。尽管我国文化创意园区还不能完全达到创意社区的标准，但开放办园的模式值得推广。为此，要推动园区文化企业与国内外高校、科研院所以及金融机构、各类基金开展战略合作,实施成果转化,形成优势互补、利益共享、风险共担的"产学研资"合作新机制;加强文化创意园区与社区、日常生活、艺术和时尚融合程度,让园区与社会、与城市、与区域融为一体。总之,创意社区为创意产业的发展提供了可行性发展路径。

参考文献

[1] Charles Landry. The Creative City: A Toolkit for Urban Innovators [M]. London: Earthscan Publications, 2000.

[2] Clark, Terry. The Theory of Scenes [M]. Chicago: University of Chicago Press, 2013.

[3] Gent-Jan Hospers. Creative Cities: Breeding Places in the Knowledge Economy [J]. Knowledge, Echnology & Policy, 2003 (4).

[4] Hall P. G. Cities in civilization [M]. New York: Pantheon Books, 1998.

[5] Neil Bradford. Creative Cities: Structured Policy Dialogue Report [J]. Canada Policy Research Networks, 2004 (8).

[6] Pedro Costa, Miguel, Vasconcelos. A discussion on the governance of Creative Cities': Some Insights for Policy Action [J]. Norwegian Journal of Geography, 2007, 61 (3).

[7] [日] 佐佐木雅幸. 建设文化创意城市 [A]. 日本国际交流基金. 创意城市: 关于城市再生的提议 [C]. 2003.

[8] 查尔斯·兰德利. 创意城市——如何打造都市创意生活圈 [M]. 北京: 清华大学出版社, 2009.

[9] [美] 理查德·佛罗里达. 创意阶层的崛起 [M]. 北京: 中信出版社, 2010: 77-89.

[10] 厉无畏. 迈向创意城市 [J]. 理论前沿, 2009 (4): 5-7.

[11] 李成彬, 罗守贵. 创意城市与人类福祉——一个经济哲学的视角 [J]. 上海财经大学学报, 2016, 18 (4): 17-26.

[12] 刘平. 国外创意城市的实践与经验启示 [J]. 社会科学, 2010 (11): 26-34.

[13] 刘平. 文化创意驱动城市转型发展的模式及作用机制 [J]. 社会科学, 2012 (7): 40-48.

[14] 向勇,周城雄. 创意城市的概念和产生背景[J]. 建筑与文化,2007(8): 18-20.

[15] 王亚云. 创意社区:概念、发展议题和建构模式[J]. 江西青年职业学院学报, 2015,25(4):65-68.

[16] 于本瑞. 兰德利创意城市观的实践及启示[J]. 唯实,2014(8):92-94.

Creative City: a New Paradigm of Urban Development

HAN Shun-fa, SU Jia

Abstract: Creative city is not only a new kind of urban development paradigm, but also a new kind of urban development philosophy. It is widely recognized that the fundamental reason is accord with the development of the city and the evolution of human society, in line with people's yearning for a better life in the city, reflects the fundamental well-being of mankind. Under the background of modern urban problems, Creative City provides a relatively reasonable solution, which is based on the resource characteristics of each city, city residents by stimulating creativity and enable the city to achieve lasting prosperity. The creative city is pregnant with the creative economy form, which follows the development principle of people oriented, emphasizes the important role of innovation and is rooted in the urban culture. Based on the existing experience of urban development, the creative city can be divided into four development models, namely, the creative class oriented, scientific and technological innovation oriented, creative industry oriented and cultural characteristic oriented. Creative city development should be based on their stage of development and resource base, combined with China's new economic norm, innovation and entrepreneurship, feature of the town development background, establish a sound institutional mechanism, establish the creative city specialized agency to promote the implementation of various policy measures, vigorously promote the construction of creative city.

Key words: Creative city; Creative industry; Development model; Policy

文化认同、网络效应与文化产品贸易

◎ 张　望[*]

  摘要：文章在标准的CP模型的基础上引入文化认同与网络效应，探讨文化认同、网络效应与文化产品贸易的关系。研究发现，文化认可度与网络效应都较大时，空间经济中呈现出中心—外围的完全集聚格局；当文化认可度与网络效应处于中等水平时，初始状态或外部冲击成为影响空间经济分布的重要"历史"因素，空间经济呈现多重均衡的情况；当文化认可度与网络效应均较小时，空间经济中分散力占主导，空间经济呈现对称分散的格局。

  关键词：文化认同；集聚；网络效应；异质性

一、引言

  2017年，我国文化产品和服务进出口总额1265.1亿美元，同比增长11.1%。其中，文化产品进出口总额971.2亿美元，同比增长10.2%；文化服务进出口总额293.9亿美元，同比增长14.4%。在文化产品方面，出口实现快

---

 * 张望：四川大学工商管理学院，成都610021；南京农业大学经济管理学院，南京210095。

速增长。文化产品出口 881.9 亿美元,同比增长 12.4%;进口 89.3 亿美元,同比下降 7.6%。顺差 792.6 亿美元,规模较 2016 年同期扩大 15.2%。在文化服务方面,进口增势明显,出口结构不断优化。文化服务进口 232.2 亿美元,同比增长 20.5%,其中,视听及相关产品许可费、著作权等研发成果使用费进口分别同比增长 52.1%、18.9%。文化服务出口 61.7 亿美元,同比下降 3.9%。[①] 可以看出,在过去的一年中,我国文化产业无论是在文化产品方面,还是在文化服务方面都取得了重大进步(基本保持了两位数的增长),但是传统贸易理论强调的基础动能,如要素禀赋、规模经济等因素短期内难以发生重大转变,则中国文化贸易的迅速增长必然存在着不同于传统比较优势的新动能。鉴于文化产品本身的文化属性,我们将研究的重心投向于文化认同。

学者研究发现,相互认同的语言、文化价值观以及风俗习惯等是文化产品贸易的润滑剂。Hoskins 和 Mirus(1988)研究发现,在文化贸易中,一个国家或地区受欢迎的节目在进入他国市场时,会出现由于文化差距大而导致吸引力下降的"文化折扣"现象。施炳展(2016)指出,《来自星星的你》的热播带来中韩贸易的大发展。Bedassa Tadesse 和 Rogerwhite(2010)运用美国与 75 个国家或地区贸易数据进行的实证分析表明,较大的文化差异会降低美国与相应的贸易对象国家或地区的出口。Min Zhou(2011)利用 1950~2000 年国际双边贸易数据进行实证分析发现,国家之间的文化相似性有助于提升双边贸易,而文化差距则会阻碍双边贸易。Felbermayr 和 Toubal(2010)发现,现有文献主要从移民网络、语言、宗教、文化差距等指标来反映双边文化认同。Rauch(2001)认为由于移民对母国的生产者与消费者具有充分的信息,从而可以降低东道国与美国的信息成本,有助于二者发展贸易关系。Jean(1997)研究指出,在 1000 年前地中海和非洲地区就存在类似的伊斯兰贸易网络。Frankel 等(1997)研究发现,语言是影响文化产品贸易的重要变量,两个语言相近或者隶属于同一殖民体系的国家比不具有此种关系的国家大约多 55% 的贸易量。

---

① 2017 年我国文化产品和服务进出口总额同比增长 11.1% [EB/OL]. http://finance.jrj.com.cn/2018/02/09071424091038.shtml,2018 年 2 月 9 日.

臧新、林竹和邵军（2012）的研究表明，文化距离、地理距离和共同语言是中国文化产品出口的主要因素。

二、基础模型

这里我们主要采用新经济地理学 CP 模型的分析框架。假定每一位消费者只消费两种产品：一种是传统产品，另一种是文化产品。① 传统产品是单一的同质化产品，可以无壁垒地在两地进行流通。文化产品虽然也可以无壁垒地在两地流通，但是其销售受到文化认同、文化折扣等文化壁垒的制约。另外，在传统的经济地理模型中，假定消费决策是各消费者自主决策的结果，但现实中，我们常常发现，如电影、音乐等文化产品的消费体现了越来越多的社交功能。也就是说，朋友圈正影响着大家的文化产品消费。因此，我们将文化产品消费的网络效应引入 CP 模型。

（一）消费者行为

假定经济中有 L 个消费者，这些消费者偏好相同，则代表性消费者的效用函数为：

$$U = \frac{C_W^\mu C_T^{1-\mu}}{\mu^\mu (1-\mu)^{1-\mu}}, \quad \mu > 0 \tag{1}$$

其中，C_W 和 C_T 分别表示文化产品和传统产品的消费量；μ 是一个常数，表示文化产品的支出份额。

假定每一个文化企业拥有相同的技术，生产不完全替代的异质性产品，文化产品的生产处于垄断竞争市场之中。C_W 采用不变替代弹性函数（CES）形式：

$$C_W = \left[\int_0^{n+n^*} (H^\lambda c_i)^\rho di \right]^{\frac{1}{\rho}}, \quad 0 < \rho < 1 \tag{2}$$

---

① 传统的 CP 模型假定消费者只消费两种产品：农业产品与工业产品。随着服务型社会的到来，农业产品、工业产品的消费基本饱和，消费者对于精神类产品的需求不断扩大。这里为了研究消费者消费结构升级与文化类产品消费，将产品的消费品种分为文化产品与传统产品两类。

其中，ρ 反映消费者对文化产品的多样性偏好，当 $\rho \to 0$，消费者对文化产品的多样性偏好较强，当 $\rho \to 1$，消费者对文化产品的多样性偏好较弱；n、n^* 分别表示国内、国外文化产品种类。H 表示文化因子，$H>1$；λ 表示网络效应，$0<\lambda<1$。λ 为关于 n、n^* 的函数，$\lambda = \lambda(\gamma n + \delta n^*)$，$\delta$ 为文化折扣，当 $\gamma = \delta = 0$ 时，$\lambda(0) = 0$；当 $\delta = 0$ 时，$\lambda(\gamma n) = 1$。

令 $\sigma = \dfrac{1}{1-\rho}$，$\sigma$ 表示两种文化产品的替代弹性，所以 C_W 的表达式可以重新写为：

$$C_W = \left[\int_0^{n+n^*} (H^\lambda c_i)^{\frac{\sigma-1}{\sigma}} di \right]^{\frac{\sigma}{\sigma-1}}, \quad \sigma > 1 \qquad (3)$$

我们用 P_W 表示文化产品的价格指数，P_T 为传统产品的价格指数，消费者收入用 E 来表示，则消费者的预算约束方程可表示为：$P_W \cdot C_W + P_T \cdot C_T \leq E$。结合式（1），可得 $C_W = \dfrac{\mu E}{P_W}$，$C_T = \dfrac{(1-\mu)E}{P_T}$。通过支出约束，我们可以建立拉格朗日函数：

$$\ell = \int_0^{n+n^*} p_i c_i di + \vartheta \left\{ \dfrac{\mu E}{P_W} - \left[\int_0^{n+n^*} (H^\lambda c_i)^{\frac{\sigma-1}{\sigma}} di \right]^{\frac{\sigma}{\sigma-1}} \right\} \qquad (4)$$

则间接需求函数为：

$$c_i = \dfrac{\mu E p_i^{-\sigma}}{P_W^{1-\sigma}} \qquad (5)$$

将式（5）代入式（2）可得文化产品价格指数为：

$$P_W = \left[\int_0^{n+n^*} (H^\lambda p_i)^{1-\sigma} di \right]^{\frac{1}{1-\sigma}} \qquad (6)$$

由式（5）、式（6）可知：$\dfrac{\partial c_i}{\partial H} > 0$，$\dfrac{\partial c_i}{\partial \lambda} > 0$，即随着文化知识的积累、网络效应的增强，文化产品的消费会逐渐增加。

文化产品消费过程中存在着文化折扣问题，且区际对称。这里，我们将文化折扣采用"冰山"交易成本形式，即供给了 τ 单位（$\tau>1$）文化产品，国外市场仅仅消化吸收了 1 单位的产品，其中的（$\tau-1$）单位的文化产品由于文化差异而"融化"了。设 $\phi = \tau^{1-\sigma} \in (0, 1)$，因其与文化折扣 τ 负相关，则将其定义为文化认可度。第 i 种文化产品的总需求是两个国家消费量 c_i 的总和，即：

$$D_i = \mu \cdot p_i^{-\sigma} \left(\frac{E}{P_W^{1-\sigma}} + \frac{\phi E^*}{P_W^{*\,1-\sigma}} \right) \quad (7)$$

（二）生产者行为

1. 传统部门

传统部门是完全竞争部门，所以传统产品是按照边际成本定价。由于传统产品可以在各地区自由流动，因此传统产品的价格在任何区域都是相同的，即 $p_T = a_A w_L$，其中 a_A 为传统产品的边际成本，w_L 为传统部门的工资。通过选择产出单位可将 a_A 标准化为 1，则可得到 $p_T = p_T^* = w_L = w_L^* = 1$。

2. 文化产品部门

假定每个文化企业的边际成本为 a_W，且由价格指数 P_W 可知，每种文化产品的替代弹性为 σ，则根据垄断竞争厂商的定价规则可知：$p_i = \dfrac{\sigma \cdot a_W}{1-\sigma}$，选择文化产出单位，使得 $a_W = \dfrac{\sigma-1}{\sigma}$，从而标准化文化产品价格 $p_i = 1$，则文化产品价格指数可改写为：

$$P_W = \left[n(H^\lambda)^{1-\sigma} + \phi n^* (H^{*\lambda})^{1-\sigma} \right]^{\frac{1}{1-\sigma}} \quad (8)$$

设 $H^* = H \cdot \tau$，则式（8）可改写为：

$$P_W = H^\lambda (n + \phi^2 n^*)^{\frac{1}{1-\sigma}} \quad (9)$$

将式（9）代入式（7）可得第 i 种文化产品的均衡产量为：

$$q_i = \frac{\mu}{H^\lambda} \cdot \left(\frac{E}{n + \phi^2 n^*} + \frac{\phi E^*}{\phi^2 n + n^*} \right) \quad (10)$$

则每个文化企业的均衡利润为：

$$\pi_i = \frac{\mu}{\sigma H^\lambda} \cdot \left(\frac{E}{n + \phi^2 n^*} + \frac{\phi E^*}{\phi^2 n + n^*} \right) \quad (11)$$

三、均衡分析

(一) 短期均衡

设全局的总支出为 E^W,用于文化产品的总支出为 μE^W,其中用于支付固定投入的支出为 $\frac{\mu E^W}{\sigma}$,则劳动者收入为 $(1-\frac{\mu}{\sigma})E^W=L^W$。联立式(8)、式(9)、式(10)、式(11),可得均衡利润为:

$$\pi_i=\frac{\mu L^W}{(\sigma-\mu)H^\lambda}\cdot\frac{\phi^2 n+n^*[(1+\phi^2)-H^\lambda(1-\phi^2)\frac{\mu}{\sigma}]}{\phi^2(n^2+n^{*2})+nn^*[\phi^2-H^\lambda(1-\phi^2)\frac{\mu}{\sigma}]} \quad (12)$$

由式(12)可得两地区均衡利润差为:

$$\pi-\pi^*=\frac{(\sigma+\mu\cdot H^\lambda)\mu L^W}{(\sigma-\mu)\sigma}\cdot\frac{(n-n^*)(1-\phi)(\phi-\frac{\sigma-\mu H^\lambda}{\sigma+\mu H^\lambda})}{\phi^2(n^2+n^{*2})+nn^*[\phi^2-H^\lambda(1-\phi^2)\frac{\mu}{\sigma}]} \quad (13)$$

由式(13)可知,各地区均衡利润的差距与厂商数目之间存在着相关性,即当 $\phi>\frac{\sigma-\mu H^\lambda}{\sigma+\mu H^\lambda}$,或 $\lambda>\frac{\ln(\frac{\sigma(1-\phi)}{2\mu\phi})}{\ln H}$ 时,$\frac{\pi-\pi^*}{n-n^*}>0$。也就是说,文化认同度越强,网络效应越强,文化产业的空间集聚性越强。

(二) 长期均衡

产业的区位选择终究决定于消费者所获得的间接效用水平。在满足静态预期与二次调整成本的空间经济假设下,要素流动的最终目标就是获得最大的瞬时间接效用。消费者在本地区获得的间接效用为 $V=\frac{\pi}{P_W^\mu}$;由于文化产品其独有的文化属性,决定了消费者在接受与吸收其文化内涵而必须支付的跨文化成本,则消费者在其他地区获得间接效用为 $V^*=\frac{\phi^2 H^{*\lambda}\pi^*}{P_W^{*\mu}}$。长期均衡分析基于各流动要素趋向于停止流动的状态。我们将迁移方程设置如下：

$$\dot{j} = (V-V^*) \cdot n \cdot (1-n) = \left(\frac{\pi}{P_W^\mu} - \frac{\phi^2 H^{*\lambda} \pi^*}{P_W^{*\mu}}\right) \cdot n \cdot (1-n) \quad (14)$$

其中，$\dot{j}$ 表示流动要素在本地和异地生产的间接效用差。当 $\dot{j}>0$ 时，流动要素向本地集中；当 $\dot{j}<0$ 时，流动要素外流；当 $\dot{j}=0$ 时，流动要素停止流动。

具体而言，文化厂商向一地集中，形成完全集聚格局的充要条件是：在 $n=1$ 和 $n^*=0$ 的格局下：

$$\frac{\pi}{P_W^\mu} - \frac{\phi^2 H^{*\lambda} \pi^*}{P_W^{*\mu}} > 0 \text{ 且 } \frac{\pi^*}{P_W^{*\mu}} - \frac{\phi^2 H^\lambda \pi}{P_W^\mu} < 0 \quad (15)$$

分散格局为稳定均衡的充要条件是：

$$\dot{j} = 0 \text{ 且 } \frac{\partial \dot{j}}{\partial n} < 0 \quad (16)$$

定义以下有关支撑点（均衡由完全集聚突变为分散的临界点）的函数式（17）和有关突破点（均衡由分散点突变为完全集聚的临界点）的函数式（18）：

$$J(\phi, \lambda) = \sigma\phi - [(\sigma+\mu \cdot H^\lambda)\phi^2 + \sigma - \mu](1 + H^\lambda \cdot \phi^{\frac{\mu}{\sigma-1}}) \quad (17)$$

$$G(\phi, \lambda) = \phi - \frac{\mu+\sigma-H^\lambda}{\mu+\sigma+H^\lambda} \cdot \frac{\sigma-\mu H^\lambda}{\sigma+\mu H^\lambda} \quad (18)$$

由式（15）、式（16）可得长期均衡条件如下：

定理：在初始条件对称的两个区域，在文化认同度、网络效应的外部冲击下，可达到各自稳定均衡的条件是：

（1）当 ϕ 与 λ 均较大时，使得 $J(\phi, \lambda) > 0$，稳定均衡为完全集聚状态；

（2）当 ϕ 与 λ 均较小时，使得 $G(\phi, \lambda) < 0$，稳定均衡为对称分散状态；

（3）当 ϕ 与 λ 处于中等水平时，使得 $0 < G(\phi, \lambda) < J(\phi, \lambda)$ 时，稳定均衡出现多重均衡，可能是完全集聚状态，也可能是对称分散状态。

由图 1 可以看出，随着文化辐射力的增强，文化认可度增强，网络效应增大，空间经济中集聚力相对较强，空间经济中呈现出"中心—外围"的完全集聚格局；当文化认可度与网络效应处于中等水平时，初始状态或外部冲击成

创意经济
Creative Economy

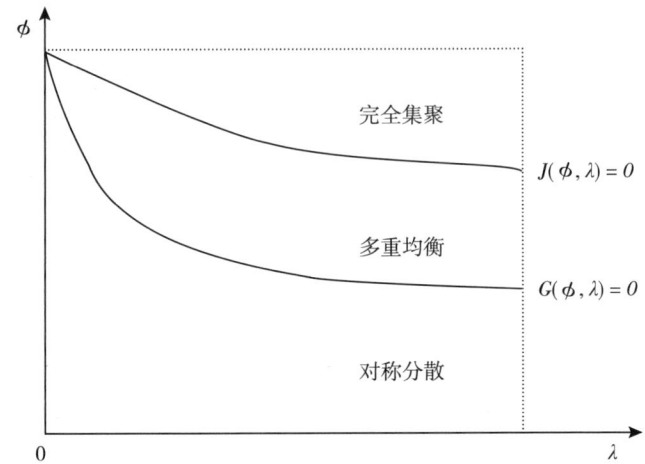

图 1　文化认可度（ϕ）和网络效应（λ）综合作用下空间经济分界示意图

为影响空间经济分布的重要"历史"因素，空间经济呈现多重均衡的情况；当文化认可度与网络效应均较小时，空间经济中分散力占主导，空间经济呈现对称分散的格局。

四、结论与政策建议

（一）深耕文化产业中的内容制造，加速文化产品"本地化"，增强中华文化影响力

在前文的分析中，我们发现增强文化认可度是提高文化产品出口、增强文化厂商覆盖面的重要手段。消费文化产品首先必须接受该国文化，对该国文化的价值观认可。一方面，我们需要通过各种外事活动宣扬中华文化，让西方社会熟悉与认可中华文化的内涵，扫除"文化产品走出去"障碍；另一方面，我们应在文化产品中注入中华文化的深刻内涵，将文化产品成为宣扬我国中华文化的重要媒介，文化产品"本土化"已然是一条可行路径。印度电影《嗝嗝老师》在这方面给我们很多启发。虽然这部电影在剧情方面与美国电影《叫我第一名》《再见十八班》有较多雷同，但通过本土化处理，展现了印度

社会教育制度的顽疾，反转的剧情、深厚的寓意还是征服了无数的观众。

（二）根据文化影响力的现状，采用灵活的"文化走出去"战略

在前文的分析中，我们可以清楚地看出，不同的文化认可度和网络效应导致了空间经济呈现不同的形态。在文化认可度和网络效应较低时，应该认清形势，并不是"文化走出去"的好时机。政府应加大扶持力度，减少文化企业负担，为日后文化产业的崛起积蓄力量。在文化认可度和网络效应达到一定程度后，要适度引导有竞争力的厂商走出去，参与国际竞争。虽然此时"文化走出去"的时机并非最佳，但强有力的政府保障与引导，也能为文化产业繁荣迎来先动优势。随着文化认可度与网络效应的进一步提高，应提高政府公共服务水平，增强本地区集聚力。

（三）注意构建华人网络，加快文化传播速度，提高文化认可度

华人网络有一个重大特点就是熟人的"小世界"交往。因此，要重视在各地的华人网络，挖掘中华文化产品的潜在消费者。华人网络对中华文化认可度高，乐于向生活的地区介绍中华文化，有助于提高中华文化的传播速度。

参考文献

[1] Bedassa Tadesse, Roger White. Cultural Distanceas A Determinant of Bilateral Trade Flows：Do Immigrants Counter the Effect of Cultural Differences？[J]. Applied Economics Letters, 2010（17）：147-152.

[2] Ensminge Jean. Transaction Costsand Islam：Explaining Conversion in Africa [J]. Journal of Institutional and Theoretical Economics, 1997, 153（1）：4-29.

[3] Felberm C., Toubal F. Cultural Proximity and Trade [J]. European Economic Review, 2010, 54（2）：279-293.

[4] Frankel Jeffrey A. Regional Trading Blocs in the World Economic System [M]. Washington D. C.：Institute for International Economics, 1997.

[5] Hoskins C., Mirus R. Reasons for U. S. Dominance of the International Tradein Television programmes [J]. Media, Cultureand Society, 1988（10）：499-515.

[6] Min Zhou. Intensification of Geo—Cultural Homophily in Global Trade：Evidence from

the Gravity Model [J]. Social Science Research, 2011 (40): 193-209.

[7] Rauch, J. T. Findade, V. Ethnic Chinese Networks in International Trade [J]. Review of Economics and Statistics, 2002, 84 (1): 116-130.

[8] 施炳展. 文化认同与国际贸易 [J]. 世界经济, 2016 (5): 78-97.

[9] 臧新, 林竹, 邵军. 文化亲近经济发展与文化产品的出口——基于中国文化产品出口的实证研究 [J]. 财贸经济, 2012 (10): 102-110.

Cultural Identity, Network Effect and Trade of Cultural Products

ZHANG Wang

Abstract: Based on the standard CP model, this paper introduces cultural identity and network effect, in order to discusses the relationship between cultural identity, network effect and cultural product trade. It is found that when the cultural recognition and the network effect are great, the spatial economy presents a complete central-peripheral pattern. When the level of cultural recognition and network effect is in the middle level, the initial state or external impact becomes an important "historical" factor affecting the distribution of spatial economy, and the spatial economy presents multiple equilibrium. When the cultural recognition and the network effect are both small, the dispersion force dominates the spatial economy, and the spatial economy presents the pattern of symmetrical dispersion.

Key words: Cultural identity; Agglomeration; Network effect; Heterogeneity

创意管理评论·第4卷
CREATIVE MANAGEMENT REVIEW, Volume 4

创意思想

Creative Thoughts

"创意"考论

◎ 李殿元[*]

摘要：当今很时髦的"创意"这个词古已有之。"创意"的本义就是在文章中要创出新意，也就是提出新意境、新见解。古人也谓撰写文章或创作文艺作品是"创造"。"创意"则不是对"文章"的专门界定。"创新"并不起源于拉丁语，而是古已有之的。古人将与"文章"有关的文艺创作或文艺作品称为"创作"，与专指文章出新的"创意"有很大区别。著文要立新，古今皆如此。今天所谓的"文章"，即指所有与文化有关的行业和领域。要想在其中获得成功，就必须有创新的意识，也就是要有"创意"。

关键词：创意本义；创造与创作；创新意识；现代意义；魅力与效益

"创意"这个词在当今很时髦。在文化、旅游、广告、建筑艺术、艺术和古董市场、手工艺品、时尚设计、电影与录像、交互式互动软件、音乐、表演艺术、出版业、软件及计算机服务、电视和广播、博物馆和美术馆、遗产和体育等行业都十分强调"创意"。那么，究竟什么是"创意"？创意的来源及内涵是什么？有必要进行考论。

---

[*] 李殿元：四川省人民政府文史研究馆编审，四川省对外文化交流中心研究员。

创意思想
Creative Thoughts

一、"创意"本义考

中国文字的代表是汉字,它是当今世界上最古老的文字,也是当今世界上各种文字系统中绝无仅有的表意系统的文字,词汇的基本构件是单音节语素。这个特点表现在书写形式上就是"一字一义",即每个字都有丰富的内容及含义,均代表一个成词的或不成词的语素。

"创意"由"创"字和"意"字所构成。社会在发展,生活中会不断出现新事物、新概念,为满足社会对于语言的要求,必然不断创造新词语。汉语构词具有很大的灵活性,可方便自如地创造新词,因为汉语的单音节语素既能独立成词,语素和语素又能相当自由地复合成词,例如"创""意"两字构成的新词,人们就容易理解和接受。按《辞源》① 的解释,"创"与"刱"同义,有创伤、伤害,通"疮"、始造、惩戒诸义;"意"字有意思、愿望、料想或者诸义。"创""意"这两个字的本义原不相干,但是将"创"字的"始造"之义与"意"字的"愿望"之义相结合产生的"创意"这个词就有了新的含义。

"创意"的核心是意识,是思维,是思想的革命,其结果是产生新的"意念"、新的"点子"。意识诞生于人类对自身以及对外界的认知,意识来源于实践又反过来指导实践。新的意识物化后,必然更加丰富人类的生活。

"创意"这个词古已有之,《辞源》释其为"犹言立意,指文章中提出的新见解",并列举汉代王允《论衡·超奇》"及其立义创意,褒贬赏诛,不复因史记者,眇思自出于胸中也";唐代李翱《答朱载言书》"六经之词也,创意造言,皆不相师"为证。

宋代程大昌的《演繁露·纳粟拜爵》中也有"创意":"秦始皇四年,令民纳粟千石,拜爵一级,按此即晁错之所祖效,非错创意也。"

---

① 《辞源》,商务印书馆 1988 年版。本文所引《辞源》,均据此书。

这样看来，"创意"的本义就是在文章中要创出新意，也就是提出新意境、新见解。类似的词语是：别出心裁，别具匠心，神来之笔，奇思妙想，标新立异，匠心独运，等等。

古人所谓的"文章"，原义是指"有纹样的表面"，即是指直接构成视觉形象的图样。引申为文字所描绘出来的事物图样，即文辞，泛指著作。司马迁《史记·儒林列传》谓："文章尔雅，训词深厚。"可知古人所谓的"文章"是包括各种文体的著作、作品。所以，有"文章千古事"，"板凳要坐十年冷，文章不写一字空"等格言。

今人对"创意"的使用也主要是指在文章中要创出新意。例如：王国维的《人间词话》："美成深远之致不及欧秦，唯言情体物，穷极工巧，故不失为第一流之作者。但恨创调之才多，创意之才少耳。"还有葛红兵的《从创意写作学角度重新定义文学的本质》："在创意写作视野中，创意是第一性，写作是第二性的，创意写作将自己定义为以文字表达为主要表现形式的创意活动。""创意之才""创意是第一性，写作是第二性"都是说著文必须有新意境、新见解。

需要指出的是：古已有之的"创意"这个词，在很长的一段时期内的使用并不广泛。权威的《辞海》就没有收录。《现代汉语词典》是中国第一部规范性的语文词典，使用者众多。笔者使用的《现代汉语词典》[①]是2002年版本，其中收录有创办、创编、创汇、创获、创见、创建、创举、创刊、创刊号、创立、创利、创牌子、创设、创始、创收、创税、创新、创业、创议、创造、创造性、创制、创作等词汇，却没有收录有"创意"这个词。

二、创造、创新与创作

汉语博大精深，尤其是现代汉语，词汇很丰富，但是许多词汇的意思差别

---

① 本文所引《现代汉语词典》，均据此书。

创意思想 Creative Thoughts

并不大。例如，曾经在中国学术界引起很大争论的"改革"与"改良"，意思差不多，并不存在"改革"是革命，"改良"是保守的含义；"改革""改良"与"改善""改进"这四个词的释义大同小异。在外语翻译中，它们就是同一个词。英语为reform，俄语为Рeфopмa，德语为Re-form，法语为reforme。

与"创意"类似的词汇还有创造、创见、创新、创作等。

（一）"创意"与"创造"

何谓"创造"？《现代汉语词典》对它的释义是："想出新方法、建立新理论、做出新的成绩或东西。"这与"创意"确有一定的类似。

不过，从古人对"创造"这个词的使用来看，它与"创意"确有一定的区别。

唐代封演的《封氏闻见记·文字》中说："按此书隶，在春秋之前，但诸国或用或不用。程邈观其省易，有便于时，故脩改而献，非创造也。"《宋书·礼志五》："至于秦汉，其（指南车）制无闻，后汉张衡始复创造。"这里说的是他们制造出前所未有的事物，故这里的"创造"是"发明"的意思。

《北史·长孙道生传》："初，绍远为太常，广召工人，创造乐器，唯黄钟不调，每恒恨之。"清代刘献廷《广阳杂记》卷二："寺左有九曲亭，乃东坡之所创造，而子由之所记焉。"这里的"创造"是"制造"的意思。

《三国志·武帝纪》注引《魏书》："是以创造大业，文武并施，御军三十余年。""文武并施"属于新的建设，故这里的"创造"是"建造""建立"的意思。

《后汉书·应劭传》："其见《汉书》二十五，《汉记》四，皆删敍润色，以全本体。其二十六，博采古今瑰玮之士，文章焕炳，德义可观，其二十七，臣所创造。"这里说的是撰写文章或创作文艺作品，故这里的"创造"是"创作"的意思。

由此看来，"创造"是指将两个以上的概念或事物，按一定方式联系起来，从而达到某种目的的行为。这种行为带有从未有过的意思，属于"新"的方法、理论、成绩、东西。"创造"是物化的过程，是从无到有的制作过程。

"创意"是想出新点子,"创造"是要将这些点子运用到现实中;"创意"富有想象力,令人兴奋,并充满乐趣,"创造"则是一项艰辛的痛并快乐着的实践过程。

这样看来,"创造"与专指要在文章中出新的"创意"确有区别,这个区别就是对"创意"而言,并不是对"文章"的专门界定。

"创造"这个词富含动感,在今天使用非常广泛。著名的有五四新文化运动中的新文学团体"创造社"。鲁迅《关于〈小说世界〉》中说:"新的年青的文学家的第一件事是创造或介绍,蝇飞鸟乱,可以什么都不理。"这里说的是"文章"的"创作"。李二和《中国水运史》中说:"中华民族不仅早在7000年之前就创造了辉煌的航海历史,而且远在7000年频繁而漫长的航海中,把最早的人类文明、古代文化和科学技术带到了美洲和世界各地。"这里说的是"历史文化"的"建造"。

(二)"创意"与"创新"

与"创意"类似的"创新"这个词值得研究。《现代汉语词典》对"创新"的释义是:抛开旧的,创造新的;指创造性。很明显,它是与"旧"的相比较。即是以现有的思维模式提出有别于常规或常人思路的见解为导向,并利用现有的知识和物质,在特定的环境中,本着理想化需要或为满足社会需求,而改进或创造新的事物、方法、元素、路径、环境,最后获得有益效果的行为。

有学者认为,"创新"这个词起源于拉丁语,有三层含义:第一,更新;第二,创造新的东西;第三,改变。这样的说法比较片面。因为在古汉语中,早就有"创新"这个词。例如以下文献:

《南史·宋孝武帝殷淑仪》:"据《春秋》,仲子非鲁惠公元嫡,尚得考别宫。今贵妃盖天秩之崇班,理应创新。"这里的"创新"是创立或制作新思想新事物的意思。

《元典章·兵部三·铺马》:"有今后创新归附的百姓有呵,有铺马里上来者,他每的拜见马匹沿路上依在先体例,与草料者。"这里的"创新"是最早、首先的意思。

古汉语中的"创新",包含有更新、创造、改变这三种意思。

"创新"与"创意"联系密切。"创新"是对"创意"这种特定思维形态的肯定,因为它是人的意识的新发展,是人对于自我的重新认识。从一定程度上说,"创意"是"创新"的开始,而"创新"是对"创意"的实践和完善,两者相互促进和相互作用。"创意"和"创新"是人类社会生存和发展的不竭源泉和动力。

"创新"这个词充满青春和活力,属于当今最时髦的词汇之一,使用特别广泛。例如党的十六大报告指出:"一个民族进步的灵魂,一个国家兴旺发达的不竭动力,一个政党永葆生机的源泉。"党的十八大报告指出:"科技创新是提高社会生产力和综合国力的战略支撑,必须摆在国家发展全局的核心位置。"在《创新方法是什么》中有这样的论述:"创新方法是人们通过研究有关创造发明的心理过程,是在创造发明、科学研究或创造性解决问题的实践活动中总结、提炼出的有效方法和程序的总称,是人类对创新规律基本认识的成果总结,是提高再创新能力与创新成功率的有效工具。"

(三)"创意"与"创作"

与"创意"有关的词还有"创作"。按《现代汉语词典》的释义,"创作"就是"文艺作品"。也就是说,直接产生文学、艺术和科学作品的智力活动过程均可称之为"创作"。

"创作"这个词古已有之,例如明代李东阳的《麓堂诗话》:"及观其所自作,则堆叠餖飣,殊乏兴调。亦信乎创作之难也。"很明显,这里的"创作"就是指文艺创作或文艺作品。

古人对"创作"这个词的使用也不局限于文艺创作或文艺作品。例如以下文献:

宋代曾巩的《叙盗》:"其创作兵仗,合众以转劫数百里之间,至于贼杀良民,此情状之尤可嫉者也。"

《续资治通鉴·宋度宗咸淳八年》:"会回回创作巨石礮来献,用力省而所击甚远,命送襄阳军前用之。"

明代刘基的《筑郾大无麦禾臧孙辰告籴入齐新延厩》:"且筑者,创作邑也。"

清代王夫之的《姜斋诗话》:"盖创作犹鱼之初漾于洲堵,继起者乃泳游自恣,情舒而鳞鬐始展也。"

以上所引的数条"创作",均是制造、建造的意思,但其中也有"始创"的含义。在老舍的《四世同堂》中"老太太这个办法不是她的创作,而是跟祁老人学来的"。这里的"创作"就只能理解为"始创"了。

不过,今人在使用"创作"这个词的更多时候确实是特指文艺创作或文艺作品。例如鲁迅的《忆韦素园君》中说:"那时我正在编印两种小丛书,一种是《乌合丛书》,专收创作。"丁玲的《韦护》中说:"因此韦护在这些地方,总常常留心,不愿太偏袒自己在创作上、文学上的主张。"

由此证明,"创作"这个词虽然也指与"文章"有关的文艺创作或文艺作品,但它与专指文章出新的"创意"是有很大区别的。

特别值得提说的是,"创作"这个词明明是古已有之的词汇,可是《汉语外来词词典》却将其作为"外来词"。《汉语外来词词典》说:"创作,指文艺作品的创造及其作品,源于日本。"究竟是日本借用中国古已有之的"创作"还是今天中国使用的"创作"来源于日本?《汉语外来词词典》的编撰者糊涂得可笑,甚至可悲。

三、"创意"的现代意义

"创意"的本义指的是著文要立新。这不仅是古代对"文章"的要求,也是今天对"文章"的要求。

传说唐代诗人崔颢的七律《黄鹤楼》出类拔萃,后人仰慕此诗骨气洞达,自然宏丽,推其为唐人七律第一。因为有了崔颢的《黄鹤楼》,著名诗人李白来到此地,兴之所至,欲作诗。在读到崔颢这首浑然天成的题诗后,钦羡不已的李白只好说:"眼前有景道不得,崔颢题诗在上头。"前已有杰出的"创意"，即使是大诗人李白也只能拜服；但李白的"眼前有景道不得"又何尝不是杰出的"创意"呢？这段传诵千古的逸闻轶事，在《唐才子传》中确有记载。

不论这段逸闻轶事真假与否，它都告诉人们，"文章"必须有"创意"，在内容和形式两大方面都忌落俗套。

需要注意的是，古代的"文章"不仅是指著书立说，它还指礼乐法度。《论语·泰伯》："大哉，尧之为君也！巍巍乎，唯天为大，唯尧则之。荡荡乎，民无能名焉。巍巍乎，其有成功也。焕乎，其有文章。"即是说，（孔子认为）尧作为国家君主，真是伟大、崇高呀！唯有天最高最大，只有尧能效法于上天。他的恩惠真是广博呀！百姓简直不知道该怎样来称赞他。真是崇高啊，他创建的功绩，真是崇高呀！他制定的礼仪制度，真是灿烂美好呀！

《史记·秦本纪》明确指出："中国以诗书礼乐法度为政。""诗书"是文章，"礼乐法度"也是文章，可见古代的"文章"也包含有社会的方方面面。

今天所谓的"文章"，即指所有与文化有关的行业和领域。在其中，要想获得成功，就必须有创新的意识，也就是要有"创意"。

生活离不开文化。文化是非常广泛和最具人文意味的概念，《现代汉语词典》释"文化"为"人类在社会历史发展过程中所创造的物质财富和精神财富的总和"。即是说，文化就是人类的生活要素形态的统称，包括衣、食、住、行、文、物等。文化具有多样性和复杂性，就文化的概念而言，与其说它是一个抽象的名词集成，不如说它是一个活生生的动词呈现。

人类和社会的发展离不开"创意"。人类社会每个阶段的进步和发展，都是"创意"的实践。无论是物质世界还是精神世界，无论是生产工具还是生活方式甚至道德规范等，人类每每进步的过程，都有"创意"的力量和作用。

"创意"起源于人类的创造力、技能和才华，来源于社会又指导着社会发展。人类是"创意"的产物。人类就是在"创意"中诞生的，也要在"创意"中发展。

"创意"离不开继承，继承和创新是不可分的，只有在取其精髓、去其糟粕的继承中创新才是可取的。没有继承，创新便会成为无源之水、无本之木。只有既懂得发扬自己的特色，勇于创新，又善于继承前人的传统，才会更易成功。

"创意"需要直觉和灵感，许多创意都来源于直觉和灵感。"创意"是逻辑思维、形象思维、逆向思维、发散思维、系统思维、模糊思维和直觉、灵感等多种认知方式综合运用的结果。

"创意"是一种突破，是对原有产品、营销、管理、体制、机制等方面主张的突破，更是技术、经济和文化的智力交融。

现代社会的发展，特别需要文化和科技中的"创意"。"创意"对社会的发展有重要的作用，不仅可以为企业增强效益，更可以为我们的生活增添色彩，让我们的人生更加美好快乐。

四、"创意"的魅力与效益

"创意"必然增加经济效益。《创意就是财富》中说："创意是今后决胜企业成败的不二法门。"因为成功的"创意"而让企业将产品做大做强的案例比比皆是。例如，"农夫山泉有点甜"这个广告，将从千岛湖取水、运输成本高昂、刚刚问世显得势单力薄的农夫山泉，一下子就推入了行业前三名。"农夫山泉有点甜"的成功并不是要求水一定得有点甜，而是依据"甘泉"是甜美的水的解释，不仅传递了良好的产品品质信息，还直接让人联想到了甘甜爽口的泉水，喝起来自然感觉"有点甜"。这样的"创意"，既有魅力更有效益。

中华老字号餐馆，要"颜值"也要顾客体验，要传统阵地也要拓新"战场"。最近两三年，成都市饮食公司旗下的9个中华老字号品牌，全面完成店面升级改造。这些店不仅"颜值"大增，品位更是上了一个层次。据这次升级改造的创意设计者任杰先生说，其中的"创意"就是文化自信与品牌复兴——让顾客从装修格调去感受老字号的传统魅力。

创意思想
Creative Thoughts

以川菜品牌中最有名的陈麻婆、龙抄手而言，陈麻婆豆腐始创于清同治1862年，距今有约150年历史，是老成都饮食文化的历史记忆，也是成都川菜的地标性品牌。龙抄手是成都名小吃的代表，始创于1941年，距今有70多年历史，曾经深受成都人的喜爱和欢迎，是成都的骄傲。然而，在改革开放的大背景下，随着国际上众多的餐饮品牌如肯德基、麦当劳等雨后春笋般地涌入中国市场，加上国内一大批适应新形势新客群的新派餐饮品牌诞生，中华老字号餐饮品牌逐渐地被边缘化，慢慢地淡出人们视野，昔日风光不再。

成都中华老字号面临一个重大课题，就是传统的菜品文化、经营管理模式面临严峻挑战。为什么外来餐饮品牌、新派餐饮有那么大的魅力？老字号面向未来将何去何从？老字号的生命在哪里？如何吐故纳新重焕生机？

在研究了国内外众多餐饮品牌的成功模式以及老字号餐饮的优劣势后，成都市饮食公司领导人从四川餐饮文化的高度上提出"文化自信品牌复兴"的发展战略思想，并在送仙桥陈麻婆豆腐餐厅和龙抄手餐厅进行了大胆的尝试，在2016年、2018年分别对陈麻婆豆腐餐厅、龙抄手餐厅进行经营改造。

首先，确立文化自信品牌复兴理念。民以食为天，食得菜根，百事可为。食物是人生命的活化石，每个人一生中，食品可记作浓浓的乡愁。川菜文化源远流长，能经得起几十年、上百年的历史岁月的成都中华老字号餐厅品牌，前人创建，若干代人艰辛努力流传至今，本身就是一笔巨大的宝贵财富，今人应该发扬光大。应该根据变化的市场环境，着眼于历史与现实，站在国内外餐饮发展全局，科学思辨，保持传统精华，去芜存菁，大胆改革创新破局。在优秀的传统中，凸显地方文化，引入适合新时代的文化旋律。因而在改造中，在餐厅文化气质塑造上，既引入新的文化元素又保持了浓郁的老成都地方文化风情，向食客呈现了诗词歌赋、图文家什、民俗文化，表达了充分的文化自信。

其次，重视菜品，以烹饪文化艺术为核心。川菜重味，味形和烹饪方法多样，有"一菜一格，百菜百味"之誉。精工细作，用料考究。讲究"色、香、味、形、器"完美结合。成都人个个都是"美食家"。中华老字号有几十、上百年历史，不乏名师高厨，能工巧匠。菜品经年累月积淀，更是做工精细、食甘味美。然而，正因其历史悠久，固守传承良多，因此易于因循守旧，创新不足。加之，时代变化，国外餐饮品牌涌入，东西南北其他菜系融汇，新派餐饮、地方特色饮食层出无限，人们有更多饮食取向，加之年轻食客口味流转，所以传统餐厅菜品组合也应进行适当调整变化，但变化应充分考虑餐厅服务的市场客群。在改造中，推出了新的菜品系统，保留喜闻乐见的经典同时增加一些新派菜品，受到广大顾客的喜爱和好评。

再次，注重企业品牌形象打造、顾客环境体验，营建主题文化特色的就餐氛围。在文化自信的基础上，中华老字号应建立属于自己的独特的地方和时代特色的品牌形象，在成都、四川、中国和国际上一枝独秀，旗帜鲜明。所以，针对陈麻婆豆腐、龙抄手两个成都"中华老字号"分别选取晚清、民国两个年代不同的时空为线索，运用再现与表现两种艺术手法，将传统与现代有机融合进环境设计中，打造企业品牌形象，为食客提供不同的就餐氛围。按照餐厅的商业客群规划动静、主次、干湿等功能动线，设计不同大小、私密度、不同功能的使用空间，让餐厅具有使用合理性，充满艺术感染力和吸引力，不仅具有颜值也增加形象的美誉度。

最后，狠抓管理，服务就是最好的营销，适当引入互联网模式。管理是餐厅的关键，管理出效益。服务是餐饮的根本。通过细致周密的管理、热情周到的服务，可以提升顾客的满意度。通过互联网的运用，可以使餐厅具有几何级的传播度和知名度，实现知者众多，食客如云。

"文化自信与品牌复兴"很快就显示出魅力与效益。好的菜品让顾客食有所乐；环境打造突出了品牌形象，让顾客流连忘返，印象深刻；加强管理、服务、营销，又使餐厅效益得到增长。

在现代生活中，人类改造自然的能力大大增强，创意设计已经成为现代日常生活中必不可少的一部分，无论是形式还是内容，更是丰富多彩。只要有热情，生活中从来就不缺乏"创意"。创意设计提供给人们日常生活所需的物质条件，不仅能够推动人们生产、生活方式不断创新与进步，更让现代生活接近美和艺术，使现代生活更具艺术气息。

参考文献

[1] 广东、广西、湖南、河南辞源修订组，商务印书馆部. 辞源：（1-4）合订本[M]. 北京：商务印书馆，1988.

[2]（宋）程大昌. 演繁露[M]. 北京：中华书局，1991.

[3]（汉）司马迁. 史记[M]. 北京：中华书局，1999.

[4] 王国维. 人间词话[M]. 北京：中华书局，2009：12.

[5] 葛红兵，高尔雅，徐毅成. 从创意写作学角度重新定义文学的本质——文学的创意本质论及其产业化问题[J]. 当代文坛，2016（4）：12-18.

[6] 现代汉语词典[M]. 北京：商务印书馆，2002：198.

[7] 李殿元. "改良主义"考辨[J]. 西华大学学报，1988（2）.

[8]（唐）封演. 封氏闻见记[M]. 北京：中华书局，1985.

[9]（梁）沈约. 宋书[M]. 北京：中华书局，1999.

[10]（唐）李延寿. 北史[M]. 北京：中华书局，1999.

[11]（清）刘献廷. 广阳杂记[M]. 北京：中华书局，1957.

[12]（晋）陈寿. 三国志·魏书[M]. 北京：中华书局，1999.

[13]（宋）范晔. 后汉书[M]. 北京：中华书局，1999.

[14] 鲁迅. 集外集拾遗补编·关于《小说世界》[M]. 北京：人民文学出版社，1995.

[15] 李二和. 中国水运史[M]. 北京：新华出版社，2003.

[16] 黎小业. "协同创新"的新理论基础："一般系统模块论"及其现实意义[J]. 牡丹江大学学报，2014（10）：62-65.

[17]（唐）李延寿. 南史[M]. 北京：中华书局，1999.

[18] 陈高华. 元典章[M]. 天津：天津古籍出版社，2011.

[19] 江泽民. 全面建设小康社会，开创中国特色社会主义事业新局面——在中国共产党第十六次全国代表大会上的报告（2002年11月8日）[J]. 共产党人，2002（12）：4-19.

[20] 胡锦涛. 坚定不移沿着中国特色社会主义道路前进为全面建成小康社会而奋斗——在中国共产党第十八次全国代表大会上的报告[J]. 当代江西，2012，28（11）：

6-26.

[21] 文宗川,唐艳红,李增建. 创新方法是什么[N]. 内蒙古日报,2013.

[22] (明)李东阳. 麓堂诗话[M]. 北京:中华书局,1985.

[23] (宋)曾巩. 元丰类稿[M]. 扬州:广陵古籍出版社,1988.

[24] (清)毕沅. 续资治通鉴[M]. 上海:上海古籍出版社,1987.

[25] (明)刘基. 筑郿大无麦禾臧孙辰告籴入齐新延厩[M]. 北京:中国社会科学出版社,2014.

[26] (清)王夫之. 姜斋诗话[M]. 北京:人民文学出版社,1961.

[27] 老舍. 四世同堂[M]. 北京:人民文学出版社,2016.

[28] 鲁迅. 忆韦素园君[M]. 北京:人民文学出版社,1995.

[29] 丁玲. 韦护[M]. 北京:人民文学出版社,2009.

[30] 刘正埮,高名凯. 汉语外来词词典[M]. 上海:上海辞书出版社,1984.

[31] (元)辛文房. 唐才子传[M]. 郑州:中州古籍出版社,1987.

[32] 杨伯峻. 论语译注[M]. 北京:中华书局,1980.

[33] 郭泰. 创意就是财富[M]. 台北:远流出版公司,1990.

Textual Research of "Creativity"

LI Dian-yuan

Abstract: The modern word "creativity" has existed since ancient times. The original meaning of "creativity" is to create new ideas in the article, that is, to put forward new artistic conception and new opinions. Ancient people also called writing articles or creating literary and artistic works as "creation", which is not a special definition of "article" unlike "creativity". "Innovation" does not originate in Latin, but also in ancient times. The ancients referred to literary creation or literary works related to "article" as "creation", which was quite different from "creativity" specifically referring to articles. Writing should be innovative, both ancient and modern. Today's "articles" refer to all industries and fields related to culture. If we want to succeed in it, we must have the consciousness of innovation, that is to say, "creativity".

Key words: Origin of creativity; Creation and creation; Innovative consciousness; Modern meaning; Charm and benefit

创意管理评论·第4卷
CREATIVE MANAGEMENT REVIEW, Volume 4

市场分析

Market Analysis

2018年成都市演出市场发展报告

◎ 于爱仙　钟琳玲*

摘要：报告总体认为，成都演出市场发展优势明显，主要表现在演出市场消费需求大，包容性强；演艺活动频繁，流行音乐演唱成为风向标；演艺企业发展迅速，有初步聚集效应；可利用资源丰富，市场转化潜力大。针对上中下游市场存在的主要问题，报告提出了相关政策建议。报告希望通过相关政策支持和市场作用，推动成都从国内演出市场重镇向国际演出市场高地转化。

关键词：演出市场；发展报告；市场转化

第一节　国内外演出市场发展概述

一、国际演出市场

（一）发展概况

近十年来，文化赖以发展的物质基础、社会环境、传播条件发生了深刻的

---

* 课题由四川大学创意管理研究所完成，课题主要执笔人于爱仙、钟琳玲：四川大学创意管理博士研究生，电子邮箱：AshleyYuLP@outlook.com。

市场分析 Market Analysis

变化，全球演出市场一体化趋势日益明显，竞争日趋激烈。如何迎合当代演出市场要求、突出自身优势、适应时代变化，已成为各国演艺业发展的关键。以美国、欧洲为代表的国际演出市场呈现以下特征：

1. 演出市场的创新能力增强

西方的艺术表演行业善于创新，所谓创新，是既重视内容创新，又重视科技创新。新型的艺术与科技的结合，呈现一种群体性的大创意，显现出现代化大生产的规模效益。创新能力成为演艺市场竞争力的关键。

2. 演出市场的商业化程度提高

西方的表演团体能够按照市场经济的规律进行文化产品的生产、销售，形成了一套与市场经济体制相适应的成熟市场运作模式。他们非常重视产品的促销工作，不是以生产为核心，而是以文化市场的消费者为核心，努力满足消费者的效用和需求。有效的市场营销，往往获得更好的市场回报。

3. 演出市场的互联网特征更加明显

宽带传输和电子商务等网络技术的出现，深深影响着大众的生产、生活方式，演艺业也不例外。从演艺产品的创作者、传播者到受众群体，该行业的每个环节均在体验着信息时代带来的变化。在西方，稍具规模和实力的演艺机构、演出经纪机构均设有自己的网站，在网上从事联络、宣传、订票、募款、指路、评论、调查和发展会员等一系列事宜，极大地方便了顾客了解和消费演艺产品，同时也降低了演艺团体的运作成本。

4. 演出市场的发展离不开国家政策法规支持

在外部政策环境方面，西方国家在贸易政策中借助其强大的经济和国际政治上的优势以及在国际组织中的影响力，并且利用国际贸易多边规则来推动演出产品进入国际文化市场，并为占领国际文化市场提供外贸政策上的保护。在内部政策环境方面，西方国家的文化政策也为国内演出市场的发展创造各种有利的条件，从资金、市场、就业政策、税收、监督等方面进行扶持，使演出市场的发展具备十分宽松、自由的生存环境。

总体而言，西方演出市场层次多元，品种多样，整体运作机制规范、成熟,商业化程度高,演艺产品具有较强的国际竞争力。其中,又以伦敦西区和纽约百老汇为行业标杆。

(二) 伦敦西区

伦敦西区是与纽约百老汇齐名的世界两大戏剧中心之一,是表演艺术的国际舞台,也是英国戏剧界的代名词。准确地说,西区剧院特指由伦敦剧院协会的会员管理、拥有或使用的49个剧院。这49个剧院除金融城的巴比肯中心、南岸的国家剧院和老维克剧院、摄政公园的露天剧院以及Southwark的莎士比亚环球剧院等少数剧院以外,大多数集中在夏夫茨伯里和黑马克两个街区,方圆不足1平方英里,在商业和娱乐业高度发达的市中心形成了一个剧院区,这一剧院区也称为西区。伦敦共有剧院约100个,剧院区就集中了40多个,当之无愧地成为英国戏剧界的代称。伦敦西区具有以下鲜明的发展特点:

1. "一臂之距" 原则

国家对文化采取一种分权式行政管理体制。英国政府最重要的文化行政管理部门是文化、媒体和体育部,但它只制定和监督实施文化政策和管理全国文化经费的财政拨款,只用宏观的政策调控和经济手段进行战略性领导,具体事务则交由非政府非营利的公共文化机构,如英国艺术委员会、英国电影学会、博物馆和美术馆委员会等机构执行。这些非政府机构,由艺术和文化产业领域中的专家、志愿者组成,独立履行职能,对艺术团体和组织进行专业评估,同时以分配拨款的方式对它们进行资助。这些独立于政府的非营利公共机构,在英国社会中起着不可替代的重要作用。它们在艺术领域能深刻地影响政府的决策,甚至还担负某些国家职能,执行国家政策。

2. 集聚效应

近50家集中在两个街区的西区剧院,构成了整个伦敦戏剧产业的核心集聚区和辐射源。西区剧院的驻场、巡演模式,聚集的规模效应和扩散的关联经济效益,形成一种"聚"与"散"的双轮驱动运行模式,带动整个伦敦演艺产业的大发展。密集的剧院群不仅使周边地区形成完整的配套产业,而且增强了自身的核心竞争力。它们没有因为聚集而导致恶性竞争或同质退化,反而形

市场分析
Market Analysis

成了良性的表演艺术生态和区域性的文化繁荣，剧院的平均上座率高达70%以上。

3. 艺业和商术平衡

西区剧院在产业链上游的产品制作中，走了一条"剧院—创新—精品"之路，艺术家们不断推陈出新，精品剧目层出不穷。从20世纪80年代的几十万英镑逐渐上升到21世纪的上千万英镑投资，巨额投资打造视听奇观，成为伦敦西区音乐剧制作的经典模式。高额投资的背后是残酷的现实，每5部新剧仅有1部能盈利，然而这1部的成功足以覆盖其他4部剧目的投资。戏剧产业低成功率、高风险、高回报的投资特色，使这个领域产生越来越多的专业投资人和投资机构。它们在集合大量资金的基础上，通过分散投资保证成功率，通过经典剧目和创新剧目的"混搭"投资，保证稳定的现金流。融资渠道的延伸和投资人范围的扩大，加快了产业创新，使它不再单纯依赖于天才的诞生。

4. 市场培育

伦敦西区具有如此成熟与完备的产业链，最为隐性的一环是英国人对戏剧教育的重视。早在16世纪伊丽莎白时代，英国就开始提倡校园戏剧，把戏剧与学校教育结合起来。当代英国的基础教育也沿袭了这一传统，把戏剧纳入普通中小学的教育体系之中。一般的中小学都设有戏剧表演课程，每学年结束时会邀请家长和全校的学生欣赏学生的表演。同时，英国艺术委员会还推动多项艺术的普及计划，降低民众参与艺术的门槛，激发民众生产和消费艺术。例如，实行"青年走进剧场"计划。该计划向15～25岁的年轻人免费提供200个场地的50万张免费演出票，鼓励更多的年轻人走进剧场，培养戏剧市场的潜在观众和现代的创新型人才。此外，为了打造"戏剧之都"的形象，扩大市场需求，伦敦剧院协会和伦敦市政府合力进行"地毯式广告轰炸"。从机场、地铁、公交车站，到任何一处旅游资讯点、酒店前台，戏剧演出的宣传海报和折页无处不在。除了实体的广告和促销，营销团队还成功地借助了网络和新媒体进行宣传和出售。

（三）美国百老汇

百老汇指的是百老汇大道，为纽约市重要的南北向道路，由于此路两旁分布着众多的剧院，是美国戏剧和音乐剧的重要发源地，"百老汇"因此成为了音乐剧的代名词。百老汇在每个历史时期都向全世界展示着不同的魅力，并映射出与之相对应的时代精神。作为时代标杆的一系列百老汇剧目的成功演出，带动着整个百老汇剧院区的演出、旅游、消费等众多文化产业，带动着纽约相关市场的发展并提供了大量就业岗位，在经济效益和文化传播两方面屡创佳绩。可以说，美国百老汇已毫无悬念地成为当今世界商业演出的典范。百老汇的发展具有以下特点：

1. 协会管理、法律维护

百老汇没有政府直属的管理部门。一般通过百老汇联盟、百老汇协会、百老汇艺术家联盟、演员基金、戏剧联盟等协会组织，对百老汇整条产业链上的各个环节进行切实有效的管理和保护。此外，百老汇戏剧演艺产业能够在市场化条件下坚守、生存、扩张且不断发展的一个重要前提是，法律在行业治理中发挥着举足轻重的作用。百老汇尊重法律，特别是版权得到法律严格的保护。迄今为止，百老汇上演的剧目还未出现严重的盗版情况，版权之间的交易严格按照法律程序进行。

2. 社会化大生产

在百老汇整条产业链的资源配置中，不仅位于演艺产业链下游的剧院分布集中，其上游的剧目策划、资金筹措和投资选择，中游的演职员培训、票房营销方式及渠道，相关衍生产品的设计、制作、销售等都实现了社会化规模生产。一大批专业化公司分工负责，产业链中每一个环节的业务都会由专业化公司中的一家或几家承接，而负责某一环节的公司又会与其产业链上游或下游的公司签订短期或长期协议。这就使得剧院可以选择有实力的制作公司签订剧目，制作方可以签约心仪的创作班子或成员，演员可以选择制作人签演出合同，而大批专业的自由人可以选择不同公司和戏剧项目组签约，由此大大降低了演艺企业的运营成本，为百老汇取得良好的经济效益和社会效益奠定了基础。

3. 环境营销

百老汇剧目的宣传特别注重氛围的营造和环境的布置，力求使演出的大幅广告牌在纽约各种奢侈品牌中依旧醒目，让观众及游客在踏入百老汇的范围之后立刻感受到其繁华蓬勃的艺术气息。利用观众们目之所及、耳之所闻、身之所处的每一处，加深观众对剧目的印象和期待，使观众在进入剧场观剧之前就陷入营销宣传所营造的"戏剧梦"场景，增加了观众感受度，提高了剧目口碑，促进了演出市场消费力的持续增长。

二、国内演出市场

（一）发展概况

改革开放 40 年来，演出市场在经历了 20 世纪 80 年代的突飞猛进，90 年代国内演出的倒退滑坡，进入 21 世纪以来重新起步后，已呈现出良好的整体发展态势。特别是近年来，随着文化政策的扶持，我国演出市场稳步发展。据 2018 年 9 月大麦网联合中国演出市场协会共同发布的《2017 中国演出市场年度报告》，2017 年演出市场总体经济规模 489.51 亿元，相较于 2016 年的 469.22 亿元，上升 4.32%。其中，演出票房收入 176.85 亿元，占到了 36% 的份额，较 2016 年提升 5.2%；演出市场受到政府积极扶持，政府补贴收入超过总收入的 1/4。在演出门类中，戏剧类演出的票房收入达到 44.42 亿元，占票房总量的 25%，增速 4.3%，其中，话剧音乐剧票房为 25.4 亿元，占戏剧类演出的 22%；儿童剧票房 10 亿元，占戏剧类演出的 9%。国内演出市场发展可归纳为以下特点：

1. 演出市场观众人群女性消费者占六成，"95 后" 消费升级提升最快

报告显示，中国现场娱乐观演人群中女性占比已达 61%，远高于男性的 39%，尤其在话剧、歌剧、音乐会、舞蹈芭蕾等剧场类演出中，女性用户更是高达 64%，票房贡献度几乎是男性的 2 倍；在受教育程度方面，剧场观众本科

及以上学历占比高达93%；而消费年龄层显示，"95后"现场娱乐消费升级提速最快，尤其在演唱会品类上，每10个观演用户中"95后"占3个。

2. 票价更亲民，演出向二、三线城市倾斜

2017年中国演出市场大型演唱会、音乐节演出达2400场，较2016年上升了14.29%，但票房收入37.64亿元，较2016年却只提升了7.91%；剧场演出9.3万场，较2016年上升了5.48%，但票房收入77.21亿元，较2016年只增长了4.27%。由此可见现场娱乐消费正在"亲民化"。

同时，在2017年剧场票房收入增速"TOP10"城市中，贵阳以204%的增速高居榜首，青岛紧随其后，票房增速141%，后面分别是南昌、长春、石家庄等。业内资深人士分析，"优质口碑剧目"的"下凡"是剧场类演出在二、三线城市发展的主要原因。经过多年市场积累，一些优秀的戏剧演出团体已形成了IP化的品牌影响力，同时热门小说、影视剧、游戏的舞台化改编热潮也迎来了预想的好口碑。如孟京辉、赖声川等人的话剧，几乎拿下话剧市场的半壁江山，《巧虎》《你看起来好像很好吃》等儿童剧备受二、三线城市家庭消费者喜爱。

3. 互联网的发展，带动无纸化率快速提升

随着移动支付的常态化覆盖，电子票消费及无纸化验票也逐渐规模化地应用到了演出市场。数据显示，目前大麦网的电子票覆盖率超40%，无纸化已成大型娱乐活动的"标配"。随着电子票及无纸化的普及，门票的流转过程可被追溯到源头，对于不法分子投机兜售假票能够起到重要的防范作用，有助于进一步规范票务市场。互联网为演出市场带来的"全品类覆盖、全渠道触达、全链路服务"的发力方式，不仅多维重塑了现场娱乐消费的新格局，也让人们对未来的演出市场有更多期待。

（二）国内对标演出市场发展特点

北京的文化实力和竞争力位于全国前列，多项文化发展指数位居第一，其演出的节目和规模代表了我国最高水平，是国内演出市场当之无愧的标杆城市。根据北京演出行业协会统计资料，北京演出市场发展特点可以归纳如下：

市场分析
Market Analysis

1. 民营团体占据主体

北京作为全国演出的集散地，国内外大型演出均在北京有表演场次，但以国内演出团体的节目为主。从性质分析，北京营业性演出团体以民营团体为主。北京演出市场打造出了一批品牌民营剧团，包括戏逍堂戏剧工作室、开心麻花、雷子乐笑工厂、孟京辉戏剧工作室、林兆华戏剧工作室等。北京民营演出团体在演出市场上日益活跃，主要基于以下三方面原因：一是政府的大力支持；二是民营话剧团体创作的作品市场化程度高、创新能力强；三是民营话剧剧团有很强的市场运作能力，在市场定位、策划宣传、人员管理、成本控制、资金吸引、服务营销等方面都有很好的经验。

2. 戏剧类演出市场规模较大

从类型分析，北京营业性演出团体以戏剧类演出为主。2017年是中国话剧诞辰110周年，北京市文化局与北京市剧院运营服务平台重磅推出"纪念中国话剧110周年演出季"；中国话剧协会、东城区人民政府倾力打造"纪念中国话剧诞生110周年暨戏剧东城10周年"品牌活动。同时，配套相应推动政策，北京市通过出台《关于支持戏曲传承发展实施意见》的相应扶持政策，提高戏曲剧目比重。另外，传统戏曲积极与现代媒体融合发展，通过"直播+戏曲"的模式，让更多年轻人接触戏曲、了解戏曲，并进入现下现场欣赏戏曲。一系列的文化活动与政策扶持，激发了戏剧市场活力，满足了人民日益增长的美好生活需要。

3. 场馆资源丰富，小剧场活跃度高

北京文化演出基础建设设施较为完善，截至2017年，北京市有140家从事营业性演出的场所，其中，大中型场馆2017年共演出205场，票房共计5.8亿，观众人数突破125万人次，演出贡献45%票房，各类活动已成行业品牌。而北京小剧场，如繁星戏剧村壹剧场、雷剧场等日益活跃，年度演出场次超100场的小剧场数量达31家，占小剧场总数的50%以上，为活跃北京演出市场做出了重要贡献。

4. 低票价补贴及公益演出推动城乡文化平衡发展

2017 年北京市大力推进惠民低价票演出补贴，全市共有 55 个剧场推出惠民低价票演出共计 2721 场，售出 100 元以下低价票 59.2 万张；经审核择优补贴 1856 场，补贴 100 元以下低价票 23.3 万张，全年补贴金额 2550 万余元。北京市文化局还通过开展北京市基层公益性演出活动，丰富基层群众文化生活，提高艺术欣赏水平，引导各剧场探索发展之路。如顺义区影剧院共演出 197 场，比 2016 年增长了 47.0%；大兴剧院积极引进北京京剧院、中国木偶艺术剧院、开心麻花等知名院团演出，让居民在家门口欣赏高水平艺术，带动票房收入增长；平谷影剧院开拓思路，通过会员制、惠民演出等多种方式培育市场，平均上座率超过 80%。

5. 内容和演出模式创新

随着人们精神文化日益丰富，演出市场内容更加多元。剧目坚持内容为王，为了迎合广大观众喜好，细分更加突出。通过老剧新编，如陕西人艺版《白鹿原》、四川话版《茶馆》等剧目轮番上演来回望经典。新剧目的创作和演出，如新剧目《三体》《二马》《大清相国》等与时俱进激发大众对戏剧的喜好。另外，创新演出形式，传统演艺"试水"互联网新模式，许多传统艺术家成为"网红"，其精湛的才艺备受网民追捧。网络直播为传统艺术提供了走近大众、走进现代生活的渠道，为传统艺术注入新的活力。

6. 演出经纪进一步开放

北京是全国首个服务业扩大开放综合试点城市，其演出经纪市场和演出营销有国内最有利的资源，同时允许国外企业在京经营相关业务。北京市商务委 2017 年 4 月 25 日发布的消息显示，首家外商独资演出经纪企业龙之传奇（北京）国际艺术有限公司，已通过了北京市商务委的审核，领取外商投资企业批准证书，正式落户天竺综合保税区文化保税园。国外演出经纪公司在北京入驻，将为北京当地演出市场带来新鲜血液。

市场分析
Market Analysis

第二节 成都市演出市场发展基本情况

一、成都市演出市场发展概况

（一）演出市场的分类说明

演出市场，或称营业性演出市场，是以演出产品的创作、生产、表演、销售、消费及经纪代理、艺术表演场所等配套服务机构共同构成的产业体系。演出市场产品具体形态包括音乐、歌舞、戏剧、戏曲、芭蕾、曲艺、杂技等各类型演出。在近些年的发展中，演唱会、舞蹈表演和话剧在演出市场尤为活跃。

演出市场可以划分为上、中、下游三个环节，上游市场指剧团、乐队、剧组等演艺团体和项目，是演艺作品诞生之源。中游市场指票务、经纪、策划、包装、推广等中介，是演艺作品走向市场、大众的通道。下游市场指剧场、影院、文艺广场等演出场所，通过服务终端消费，实现市场价值。

（二）市场规模

2017年成都市演出市场票房收入突破4亿元，较2016年同比增长100%。根据大麦网发布的《成都戏剧演出市场报告（2017.10～2018.09）》显示，其中戏剧类演出场次达到2082场，较上一年度增长74%；票房收入5600万元，较上一年度增长20%。戏剧类演出票房收入仅次于北京、上海、杭州，位列全国第四。戏剧类演出中，儿童剧演出1355场，占总演出场次的58%；票房收入近1500万元，占总收入的27%。话剧和音乐剧演出场次682场，占29.2%；票房收入达2900多万元，票房占比达到53%。戏剧类演出中，成都本地院团创作剧目占50%，较上年度增长12%，本土戏剧创作活力初现。

（三）注册企业

根据启信宝、企业年鉴等渠道披露的成都本地从事演出活动的企业信息

(注：数据统计口径中，演出企业为企业营业执照注册中营业范围含演出的企业，选用数据为营业中演出企业)，截至 2018 年 9 月，成都市演出企业共 3209 家，相关数据和变化趋势如表 1 所示。

表 1　成都市演出企业成立年份分布

成立年份	2003 年前	2003~2007	2008~2012	2013~2017	2018
成立企业数（家）	39	129	232	1837	972
占比（%）	1.22	4.02	7.23	57.25	30.29

资料来源：工商统计资料。

从表 1 的趋势可以看出，近年来成都演出企业主要成立于近六年（2013~2018 年），占成都市演出企业的 87.54%。其中 2018 年新增演出企业 972 家，占成都市演出企业的 30.29%，可见近年来演出企业的创业态势迅猛。

（四）区域分布及演出场次

从表 2 可以看出，成都市的演出企业多注册在武侯区、锦江区和高新区，占比分别为 22.06%、21% 和 19.66%，共占全市的 62.72%。总体来说，成都演出企业集中，成都五大"老中心城区"与高新区、天府新区共占全市的 85.04%，其他 16 个区县仅占 14.96%。

表 2　成都市演出企业区域分布

区县	企业数（家）	占比（%）	区县	企业数（家）	占比（%）
武侯区	708	22.06	温江区	64	1.99
锦江区	674	21.00	新都区	56	1.75
高新区	631	19.66	郫都区	44	1.37
金牛区	237	7.39	崇州市	41	1.28
青羊区	197	6.14	邛崃市	40	1.25
成华区	173	5.39	双流区	39	1.22
天府新区	109	3.40	龙泉驿区	38	1.18

续表

区县	企业数（家）	占比（%）	区县	企业数（家）	占比（%）
简阳市	32	1.00	龙泉驿	11	0.34
彭州市	31	0.97	蒲江县	8	0.25
都江堰	29	0.90	青白江区	7	0.22
大邑县	20	0.62	金堂县	4	0.12
新津县	16	0.50	总计	3209	100.00

资料来源：工商统计资料。

统计整理成都市演出场次地区分布数据，其中演出时间跨度为2016年5月28日至2019年1月13日，共计登记644场演出。由表3可见成都演出频次区域分布不均。其中锦江区演出场次最多，达249场次，占全市演出场次的38.66%，锦江区有较为丰富的演出场地资源是锦江区演出场次在全市拔得头筹的重要原因，成都演艺（西婵国际剧院、娇子音乐厅）和锦城艺术宫成为成都演出场次最为频繁的两大场所，统计期间内共计举办131场次和69场次演出。另外，高新区和武侯区以14.75%和12.58%的占有量位居成都市演出市场场次分布的第二梯队，成都大魔方演艺中心、天堂洲际大饭店、世纪城假日酒店、世外桃源酒店、四川省体育馆、电子科技大学体育馆等辖区场所均有较为频繁的演出活动，分别为22场次、19场次、13场次、28场次、25场次和11场次。可见演出场馆资源的分布对当地演出场次频繁程度的影响较大。

表3 成都市演出场次区域分布

序号	演出场所	演出场次（场）	占比（%）
1	锦江区	249	38.66
2	高新区	95	14.75
3	武侯区	81	12.58
4	龙泉驿区	55	8.54
5	青羊区	50	7.76
6	成华区	33	5.12

续表

序号	演出场所	演出场次（场）	占比（%）
7	金牛区	19	2.95
8	双流区	19	2.95
9	天府新区	18	2.80
10	都江堰市	12	1.86
11	新都区	7	1.09
12	温江区	3	0.47
13	新津县	2	0.31
14	大邑县	1	0.16
总计		644	100

资料来源：根据成都市文广新局提供数据整理。

（五）企业规模

以注册资本金作为考察企业规模的基础数据，由表4可知，成都市演出企业大多为轻资产，有57.31%的企业注册资本金集中在100万元及以下。值得注意的是，注册资本金超过1000万元的企业达到211个，占总比的6.58%。总体来看，成都演出企业大中小并存，规模分布较为均衡。

表4　成都市演出市场企业注册资本金情况

注册资本金	0~100万元（含）	100万~200万元（含）	200万~500万元（含）	500万~1000万元（含）	1000万元以上
企业个数（家）	1839	389	495	275	211
占比（%）	57.31	12.12	15.43	8.57	6.58

资料来源：工商统计资料。

（六）商标专利

从自主知识产权来看，成都市拥有自己商标的演出企业共235个，占7.32%。拥有专利的演出企业共23个，占成都演出企业的0.72%。同时拥有商标和专利的演出企业 13 个，占成都演出企业的 0.31%。可见演出企业中拥有自己商标和专利的企业占比较少，成都演出企业对自主知识产权的建设有待提升（见图 1）。

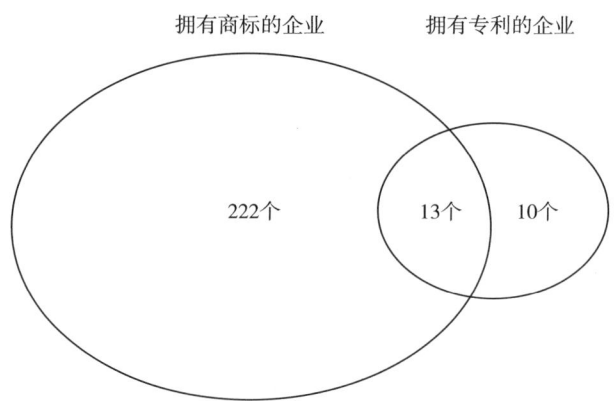

图 1　成都市演出企业拥有商标和专利的企业情况

资料来源：工商统计资料。

二、市场细分

对演出市场企业工商注册的数据进一步整理可得，上游的文艺表演团体共有 1583 家企业，涉及表演、编演、文艺演出、综艺演出、演艺演出、公益演出、营业性演出、演出服务、文艺创作与演出、戏剧、文艺类演出、个体演出等业务。中游的票务服务机构共 282 家企业；演出经纪机构共 1952 家企业，涉及经纪、行纪、演出代理、演艺代理、演艺中介等业务。下游的演出场所经营单位共有 219 家企业，涉及场所、场地、场馆等业务，且排除"另择场地经营"。以上四种演出企业存在业务交叉，其类型统计数量如图 2 所示。

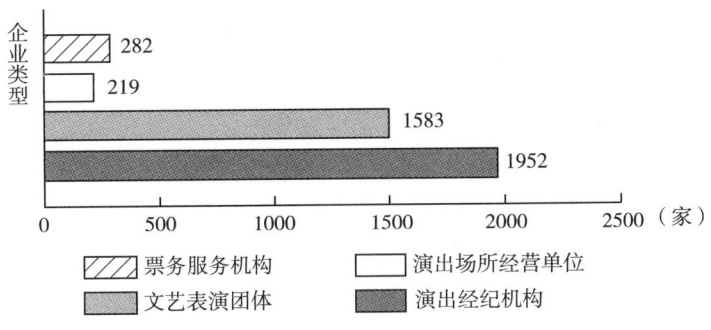

图 2　成都市演出市场企业类型数量

近 4 年工商注册的企业在上、中、下游的分布如表 5 所示。上中下游各个环节企业的注册数量逐年呈增长趋势，表明演出市场整个产业链都在正向发展中。

表 5　成都市近 4 年各细分市场企业注册数量

单位：家

年份	文艺表演团体	演出经纪机构	票务服务机构	演出场次
2018	481	652	88	46
2017	387	587	83	51
2016	247	286	36	25
2015	142	142	26	17

资料来源：工商统计资料。

（一）文艺演出团体

将成都地区注册资本金超过 1000 万元及其他本地有影响力的演出企业进行统计，筛选出 150 家企业（见表 6）。这 150 家演出企业按照区域分布，武侯区以 37 家企业居第一位，锦江区、高新区和青羊区居第二、第三、第四位，其他区县有少量企业分布。成都演出企业在区域上较为集中，分布不均（见图 3）。

市场分析 / Market Analysis

表6　成都市主要文艺演出团体

公司名称	区县	注册资本（万元）	成立年份
四川天府国际会展有限公司	天府新区	500000	2017
成都华侨城黄龙溪投资发展有限公司	双流区	100000	2017
成都兴城文化产业发展投资有限公司	高新区	50000	2017
四川美丽颂文化传媒有限公司	金牛区	18500	2017
四川魅力川西旅游开发有限公司	锦江区	10500	2017
成都和之音文化传播有限公司	锦江区	10000	2018
中铁国安嘉丞文化发展成都有限公司	武侯区	10000	2018
成都鹿源鸿旅游资源开发有限公司	彭州市	10000	2010
四川江山多娇文化旅游股份有限公司	高新区	6000	2017
四川嘉州映像文化传媒有限公司	高新区	5200	2013
四川美麟承恩文化传媒有限公司	武侯区	5000	2015
成都锦粲文化传媒有限公司	锦江区	5000	2017
光彩西部生态旅游开发有限公司	武侯区	5000	2016
四川妙兮文化传播有限公司	武侯区	5000	2018
成都艺星荟时尚传媒有限公司	武侯区	5000	2017
光彩西部文化传媒有限公司	武侯区	5000	2016
成都时尚星际文化传媒有限公司	高新区	5000	2016
童星国梦文化传播有限公司	锦江区	5000	2018
成都诺克帝斯文化传媒有限公司	武侯区	5000	2018
四川启雅尚文化传媒有限公司	金牛区	5000	2018
四川纵横美堃文化传媒有限公司	高新区	5000	2017
四川大美域禾文化旅游管理有限公司	锦江区	5000	2018
四川圣雅灵齐文化传播有限公司	锦江区	5000	2017
四川都江堰丰年旅游文化有限公司	都江堰	3300	2008
成都极地海洋实业有限公司管理分公司	都江堰	3030.5	2018
成都演艺集团有限公司	锦江区	3000	1991
成都经典汇文化传播有限公司	青羊区	3000	2015
四川咪悦文化传媒有限公司	天府新区	3000	2018
成都百纳仟成文化传媒有限公司	高新区	3000	2016

续表

公司名称	区县	注册资本（万元）	成立年份
成都中韩环球文化传媒有限公司	锦江区	3000	2016
三界（成都）影视传媒有限公司	武侯区	3000	2017
成都未央演艺有限公司	成华区	3000	2017
四川庞氏文化传播有限公司	武侯区	3000	2016
成都前进文化传播有限公司	锦江区	3000	2017
大予娱乐成都有限公司	锦江区	2500	2018
成都盛铎文化传播有限公司	武侯区	2200	2013
成都新航向文化传媒有限公司	青羊区	2001	2013
四川省华爱兄弟文化传播有限公司	高新区	2000	2015
四川中商盟旅游资源开发有限公司	成华区	2000	2014
四川省小乌鸦文化传播有限公司	武侯区	2000	2015
成都博阳大魔方演艺有限公司	高新区	2000	2017
四川荷马文化旅游有限公司	锦江区	2000	2017
成都拉美西斯文化传媒有限公司	锦江区	2000	2010
四川纯臣石人文化发展有限公司	青羊区	2000	2018
成都骨火文化传播有限公司	高新区	2000	2012
成都香颂文化传播有限公司	武侯区	2000	2013
成都王婆崖文化传播有限公司	锦江区	2000	2016
成都小情绪文化传媒有限公司	武侯区	2000	2018
四川省三宝四喜文化传媒有限公司	成华区	2000	2014
成都马洲文化发展有限公司	锦江区	2000	2017
四川省兆丰文化传播发展有限公司	青羊区	2000	2002
成都市景泰文化传播有限责任公司	彭州市	2000	2015
成都领优文化传播有限公司	高新区	2000	2012
成都市拿云智成文化传媒有限公司	高新区	2000	2017
成都市梵木文化创意发展有限公司	龙泉驿区	2000	2017
四川省锦城艺术宫少儿艺术团	锦江区	1681	2016
成都艺术剧院有限责任公司	金牛区	1500	2012
四川复命文化传播有限责任公司	锦江区	1230	2015

续表

公司名称	区县	注册资本（万元）	成立年份
成都星娱文化传媒股份有限公司	武侯区	1220.00	2006
成都澳美影视文化传播有限公司	温江区	1200	2015
成都汉普文化传播有限公司	武侯区	1200	2008
四川幸福山海影视文化传播有限公司	高新区	1200	2015
四川喜联荟文化传播有限责任公司	双流区	1200	2017
四川鼎晟汉皇文化传媒有限公司	武侯区	1200	2018
四川创利文化传媒股份有限公司	锦江区	1101	2016
成都童卫文化娱乐管理有限公司	青羊区	1000	2004
成都天崍音乐有限公司	高新区	1000	2017
成都非米文化传播有限公司	锦江区	1000	2009
成都欣则兴文化传媒有限公司	高新区	1000	2017
成都金沙太阳神鸟演艺文化有限公司	金牛区	1000	2004
成都幸福原点文化传播有限公司	青羊区	1000	2015
成都中传华邦文化传媒有限公司	武侯区	1000	2007
成都曼丁文化传播有限公司	青羊区	1000	2014
四川世外桃源文化传播有限公司	武侯区	1000	2015
四川茶盐道文化传媒有限公司	武侯区	1000	2016
四川青春牧歌文化传播有限责任公司	武侯区	1000	2016
成都星聚互动文化传媒有限公司	锦江区	1000	2017
四川天府时代文化传播有限公司	青羊区	1000	2016
成都剧像演艺有限公司	武侯区	1000	2016
成都米锐克文化传播有限公司	高新区	1000	2017
四川暴走蚂蚁文化传媒有限公司	锦江区	1000	2017
成都卓美尼鞋业有限公司	武侯区	1000	2016
四川艺思特彩灯文化传播有限公司	锦江区	1000	2015
四川锐丰文化传播有限公司	都江堰	1000	2016
成都恒古文化传媒有限责任公司	高新区	1000	2014
四川聚新九鼎文化传播有限公司	简阳市	1000	2018
郫县龙龙文化传播有限公司	郫都区	1000	2015

续表

公司名称	区县	注册资本（万元）	成立年份
四川易水河子文化有限公司	青羊区	1000	2016
成都中科蓝海文化传播有限公司	武侯区	1000	2014
成都时间盒子创意文化传播有限公司	武侯区	1000	2018
四川翰扬启迪文化传媒有限公司	武侯区	1000	2012
四川宝弘盛文化传媒有限公司	锦江区	1000	2018
成都佳弋文化传媒有限公司	锦江区	1000	2018
亚太华影（成都）文化传媒有限公司	青羊区	1000	2018
四川传奇文化旅游发展有限公司	锦江区	1000	2017
成都莫大影业有限公司	武侯区	1000	2016
成都弋朗文化传播有限公司	金牛区	1000	2013
四川津视文化传媒有限公司	武侯区	1000	2018
成都音悦魔方文化传播有限公司	青羊区	1000	2017
成都中艺之星文化传媒有限公司	温江区	1000	2015
成都睿兴金视华艺影业有限公司	天府新区	1000	2018
成都澄艺文化传播有限公司	锦江区	1000	2018
成都华宗海峡两岸文化发展有限公司	青羊区	1000	2012
成都华众名人演员经纪人有限公司	金牛区	1000	2018
四川华演文化传媒有限公司	高新区	1000	2017
四川坤宁影业有限公司	武侯区	1000	2016
成都青虚文化传媒有限公司	龙泉驿区	1000	2017
四川更虹文化传媒有限公司	青羊区	1000	2016
成都彗星文化传播有限公司	高新区	1000	2015
成都富御旅游开发有限责任公司	新津县	1000	2017
百艺博远文化传媒（成都）有限责任公司	武侯区	1000	2018
溟艺环球文化传播（成都）有限公司	青羊区	1000	2018
四川德盟文化产业发展股份有限公司	武侯区	1000	2018
维漫漫画文化传播（成都）有限公司	金牛区	1000	2017
四川东方博睿文化传播有限公司	锦江区	1000	2018
成都火立方广告有限公司	武侯区	1000	2012

续表

公司名称	区县	注册资本（万元）	成立年份
四川雨熠文化传媒有限公司	高新区	1000	2015
成都铁鑫鼎德文化传播有限公司	武侯区	1000	2017
成都华影展翼文化传媒有限公司	锦江区	1000	2018
四川古太印象文化传媒有限责任公司	锦江区	1000	2018
成都点金石文化传媒有限责任公司	武侯区	1000	2018
成都云屏文化传媒有限公司	锦江区	1000	2018
成都迈光尚裕文化传播有限公司	武侯区	1000	2017
四川合顺伟业文化传播有限公司	高新区	1000	2016
成都思辰文化传播有限公司	锦江区	1000	2018
四川凤舞九天文化传媒有限责任公司	郫都区	1000	2018
成都爆款乐园影视传媒有限公司	高新区	1000	2017
成都壹也太禾文化旅游管理有限公司	天府新区	1000	2018
成都楚沅文化传播有限公司	高新区	1000	2016
成都市玖加壹文化传媒有限公司	成华区	1000	2016
四川千嘉顺影视文化传媒有限公司	高新区	1000	2018
四川龙行十八式文化传媒有限公司	金牛区	1000	2018
成都水韵天府文化旅游发展有限公司	武侯区	1000	2018
成都行者无疆娱乐有限责任公司	高新区	1000	2018
成都新影时代文化传媒股份有限公司	天府新区	1000	2018
四川爱陌文化传媒有限公司	锦江区	1000	2018
华艺思创文化传媒（成都）有限公司	高新区	1000	2018
中翔宏信（成都）影视文化传媒有限公司	武侯区	1000	2018
四川雪域姑娘商贸有限公司	高新区	1000	2018
成都谱印云文化传播有限责任公司	高新区	1000	2018
成都登峰影视传媒有限公司	高新区	1000	2018
四川省炬美奥世文化传播有限公司	彭州市	1000	2017
成都世纪金叶子传媒有限公司	武侯区	1000	2018
四川蓝光盛锦演艺文化有限公司	锦江区	1000	2014
成都民族歌舞剧院有限责任公司	锦江区	1000	2014

续表

公司名称	区县	注册资本（万元）	成立年份
四川人民艺术剧院有限责任公司	青羊区	1000	2018
成都优艺空间文化演艺有限公司	锦江区	1000	2018
成都金沙太阳神鸟演艺有限公司	锦江区	1000	2014
成都星娱时代文化传播有限公司	高新区	500	2015
四川省演出展览公司	青羊区	50	2017

资料来源：工商统计资料。

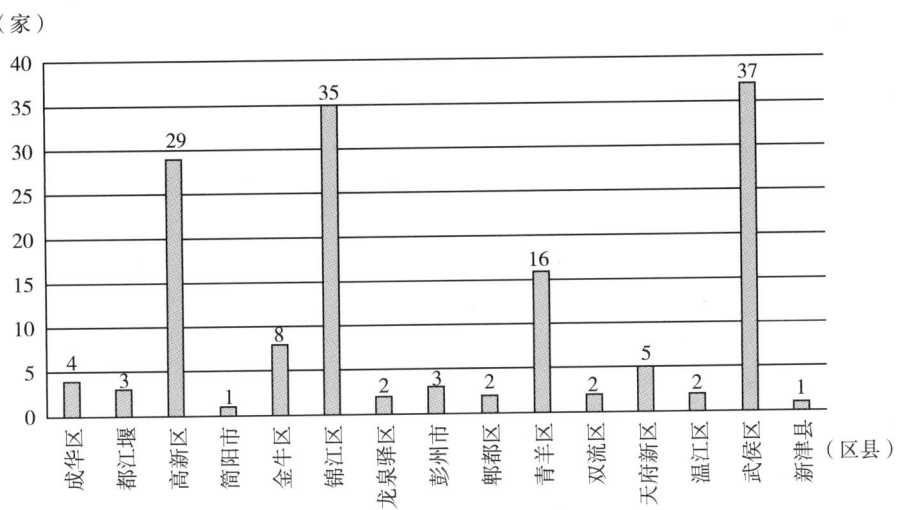

图3　成都市区域文艺演出团体分布

资料来源：工商统计资料。

（二）演出场所

成都工商注册中涉及演出场所的经营单位共有219家，其中，2016年5月至2019年1月演出申请场次超过2次的场馆如表7所示。

市场分析 Market Analysis

表7　成都市演出场所演出申请场次两次及以上演出统计

序号	演出场所	座位数（个）	场次（场）
1	成都演艺集团（娇子音乐厅）	1736	131
2	四川省锦城艺术宫	1450	69
3	正火艺术中心	620	39
4	成都世外桃源大剧院	2000	28
5	四川省体育馆	9000	25
6	大魔方演艺中心	12000	22
7	东郊记忆演艺中心	1200	20
8	欢乐屋文化传播有限公司（凯德天府·自由戏剧）	250	19
9	天堂洲际大饭店	800	19
10	非物质文化遗产博览园	12000	14
11	世纪城假日酒店	1866	13
12	童卫文化娱乐管理有限公司（大中华）	1300	13
13	电子科技大学清水河校区体育馆	6785	11
14	双流区体育中心	26000	11
15	成都市妇女儿童中心	512	10
16	武侯区苏格缪斯酒吧	350	10
17	海昌极地海洋公园	—	9
18	欢乐谷园区环道	500	8
19	锦江区戏弥水吧	500	8
20	经典汇艺术剧场	200	8
21	名人堂餐饮娱乐有限公司	100	8
22	四川省歌舞剧院	731	7
23	国际会议展览中心金色歌剧院	1213	6
24	青城国际酒店	800	6
25	四川岷山饭店有限公司	236	6
26	未央演艺公司	1500（5个场馆）	6
27	龙泉驿区蔚然花海	—	5
28	东郊记忆聚空间剧场	600	4
29	华侨城大剧院	1237	4

续表

序号	演出场所	座位数（个）	场次（场）
30	香格里拉大酒店	150	4
31	向阳凯宾斯基饭店	980	4
32	都江堰市玉堂水果侠主题世界	—	3
33	红星美凯龙世博家居生活广场	—	3
34	乔治希尔顿酒店	790	3
35	青羊区万达广场	—	3
36	和弦餐饮管理有限公司	—	3
37	锦江区秀丽东方生态园	50000	3
38	首座万豪酒店	500	3
39	成都体育中心	40000	3
40	中国西部国际博览城	100	3
41	东郊记忆锦颂东方演艺厅	3000	2
42	东郊记忆舞台	1200	3
43	都江堰南桥外广场	—	2
44	海滨城购物中心	—	2
45	华熙艺术村	2880	2
46	咪咕音乐有限公司	150	2
47	南方家俱有限公司园区内	—	2
48	世纪城新国际会展中心	2800	2
49	双流区黄龙溪学校	—	2
50	温江区国色天乡	—	2
51	武侯区文化馆（武侯梦想剧场）	300	2
52	中国民用航空飞行学院新津分院	—	2
53	中国现代五项赛事中心	3000	2
54	棕榈泉费尔蒙酒店	180	2

资料来源：根据成都市文广新局演出申请数据整理。

这些演出场所中，按专业剧场进行统计（座位数300~800个为小型场馆，座位数801~1200个为中型场馆，1201~1600个为大型场馆，1601个以上为特大型场馆），成都现有专业剧场11个（见表8）。其中，小型剧场4个，中型剧场4个，大型剧场2个，特大型剧场1个，分别占比为36%、36%、18%和10%。在全国专业剧场中，小型剧场、中型剧场、大型剧场和特大型剧场的数量占比分别为34%、45%、13%和8%，从专业剧场比例看基本合理。

目前，成都在建的剧场有：城市音乐厅（3000座，其中包括一个1600座的歌剧院，一个1400座的音乐厅）、四川大剧院（包括一个1601座的大剧场和一个450座的小剧场）、天府新区省级文化中心（含1400座的大剧场、600座的音乐厅和400座的曲艺书场），建成后将极大地丰富专业剧场设施资源。

表8 成都市专业剧场情况

序号	剧场名称	座位数（个）	类型	成立年份
1	成都世外桃源大剧院	2000	特大型剧场	2014
2	四川省锦城艺术宫	1440	大型剧场	1987
3	华侨城大剧院	1237	大型剧场	2010
4	成都国际会议展览中心金色歌剧院	1000	中型剧场	1998
5	四川人民艺术剧院	—	中型剧场	1953（改造中）
6	成都演艺西婵国际剧场	886	中型剧场	1999
7	成都演艺娇子音乐厅	850	中型剧场	1999
8	四川省歌舞剧院	731	小型剧场	1953
9	成都市锦江剧场（成都市川剧艺术中心）	609	小型剧场	2001
10	未央松林剧场	367	小型剧场	2015
11	武侯梦想剧场	300	小型剧场	2017

资料来源：四川省文化厅市场处。

（三）演出经纪机构

根据四川省文化厅市场处数据，2018年成都演出经纪机构取得营业性演出许可证的有112家，这112家演出经纪机构2017年度营业总收入为48319.33万元（含非演出收入，见表9）。

表9 2018年成都市取得营业性演出许可证的演出经纪机构情况

单位名称	成立年份	区域	从业人员（人）	观众人次（人）	演出场次（场）	营业收入（万元）
成都太合乐动科技有限公司	2017	高新区	38	500	1	1736.30
成都天成声音传媒有限公司	2014	锦江区	70	130000	9	8070.66
成都音像出版社有限公司	2015	青羊区	6	12000	9	5682.94
成都演艺集团有限公司	1985	锦江区	80	145000	316	1726.00
成都传媒集团先锋影视有限公司	2015	锦江区	13	0	0	667.93
北京红马传媒文化发展有限公司成都分公司	2016	青羊区	40	36200	4	1271.00
成都瀚博营销策划有限公司	2012	青羊区	30	4800	16	1094.00
四川金手指文化传播集团有限公司	2005	青羊区	13	28000	8	50.00
成都非米文化传播有限公司	2013	锦江区	30	5000	4	2000.00
成都华星兄弟文化传媒有限公司	2016	锦江区	73	0	0	2.91
四川蜀邮文化传媒股份有限公司	2017	青羊区	4	0	0	0.00
成都骨火文化传播有限公司	2018	高新区	26	0	0	1722.43
成都金点邦克文化传播有限公司	2013	武侯区	15	50000	20	1986.54
成都东郊记忆园区运营管理有限公司	2015	成华区	74	277200	231	2225.77
四川壹邦营销顾问有限公司	2012	武侯区	14	1200	1	906.99
成都万禾文化传媒有限公司	2012	高新区	30	40000	12	106.26
成都红五月影视制作广告有限责任公司	2016	金牛区	8	150000	26	44.77
成都中亚经济文化有限公司	2012	金牛区	13	20400	4	174.94
成都魅力映像文化传媒有限公司	2011	武侯区	39	3000	106	412.35
成都星扬文化传媒有限公司	2011	锦江区	20	71000	16	975.50
成都星耀互娱文化传媒有限公司	2017	高新区	19	0	0	2680.52
四川省演出展览公司	1984	青羊区	22	730000	1780	1709.36
成都新航向文化传媒有限公司	2014	青羊区	7	1200	5	230.00
四川永艺演出有限公司	2004	金牛区	5	0	0	0.00
成都市盛创文化传播有限公司	2011	武侯区	90	10000	300	300.00
成都五星公关策划有限公司	2017	锦江区	7	2000	1	300.00

续表

单位名称	成立年份	区域	从业人员（人）	观众人次（人）	演出场次（场）	营业收入（万元）
成都主流公关顾问有限公司	2014	武侯区	6	600	3	5.00
成都宇易文化传播有限公司	2017	武侯区	6	0	0	0.00
成都华懿文化传播有限公司	2016	青羊区	11	13200	11	683.09
成都爱现场网络科技有限公司	2017	高新区	5	0	0	123.72
四川聚正能量文化传播有限公司	2016	锦江区	12	100000	2	70.21
成都丙申文化传媒有限公司	2018	武侯区	13	1500	6	220.00
成都途播未来文化传播有限公司	2017	青羊区	14	0	0	479.09
成都天麓文化演出有限公司	2006	武侯区	4	110000	15	59.93
四川三叶集影视传媒有限公司	2015	青羊区	15	5000000	40	324.00
成都市三艺文化传媒有限公司	2016	新都区	5	10000	20	150.00
成都康臣广告传媒有限公司	2015	武侯区	36	5000	1	1100.00
成都梵圣演艺文化传播有限公司	2015	武侯区	12	60000	30	345.00
成都禧年文化传播有限公司	2013	锦江区	10	26400	33	300.00
四川德高尚品文化传媒有限公司	2015	武侯区	3	0	0	0.00
四川麒麟风云文化传播有限公司	2015	成华区	15	5000	1	237.00
成都新新爱度文化传播有限公司	2017	锦江区	20	400	5	1277.00
成都九九河企业管理有限责任公司	2015	武侯区	5	13000	5	29.00
四川世纪星辰文化传媒有限公司	2015	高新区	6	7400	5	160.33
成都艾思唯尔文化传播有限公司	2011	武侯区	20	3500	42	191.76
成都雅吉文化传媒有限公司	2015	武侯区	4	0	0	37.33
成都宇修合力演艺管理有限公司	2011	青羊区	10	47808	8	328.00
四川省天艺演出有限公司	2010	成华区	3	0	0	0.00
成都睿信公关策划有限公司	2016	锦江区	15	600	1	269.40
成都大娱文化传媒有限公司	2016	高新区	11	52000	26	56.30
成都灵峰公共关系顾问有限公司	2014	武侯区	7	35000	16	37.00
成都秉金演艺经纪有限公司	2014	武侯区	3	5000	4	180.00
成都时代中天文化传播有限公司	2016	高新区	13	0	0	351.58
成都艺非文化传播有限公司	2015	金牛区	6	39000	26	185.00

续表

单位名称	成立年份	区域	从业人员（人）	观众人次（人）	演出场次（场）	营业收入（万元）
成都尚鼎优策文化传媒有限公司	2016	高新区	10	10000	4	100.43
成都博卓文化传播有限公司	2015	高新区	11	8000	26	360.00
成都恒韵文化传播有限公司	2013	高新区	4	0	0	0.00
成都灵韵天成文化传播有限公司	2018	武侯区	15	0	0	116.00
四川爱斯达文化传播有限公司	2014	武侯区	5	8000	1100	163.65
成都西蜀琴韵文化传播有限公司	2015	武侯区	3	50000	100	126.42
成都思答文化传播有限公司	2014	武侯区	15	0	0	456.00
成都弋朗文化传播有限公司	2016	金牛区	17	2000	120	340.53
成都比目鱼文化传媒有限公司	2017	高新区	18	800	2	413.81
成都靓声文化传媒有限公司	2016	金牛区	10	100	20	90.00
成都艺有源文化传播有限公司	2014	武侯区	5	3600	12	36.00
成都好朋友文化传播有限公司	2013	高新区	5	60000	16	130.00
成都几木文化传播有限公司	2013	锦江区	6	0	0	24.27
成都锦尚文化传播有限公司	2012	锦江区	10	14400	72	346.00
成都麦穗文化传媒有限公司	2016	武侯区	4	12000	3	465.00
成都御翔文化传播有限公司	2015	高新区	17	600	10	70.00
成都大声唱文化传播有限公司	2015	武侯区	12	2000	1	65.00
成都魔擎文化产业有限公司	2016	青羊区	3	0	0	31.00
成都珍益文化传播有限公司	2015	武侯区	6	2000	5	60.00
四川省神鸟演出展览有限责任公司	2008	青羊区	3	0	0	0.00
成都市德雅企业营销策划有限公司	2016	武侯区	8	100	40	100.00
成都跨界文化传播有限公司	2015	锦江区	10	20000	3	26.10
成都皓悦文化传播有限公司	2016	青羊区	12	10000	5	115.36
四川亿合文化传播有限公司	2014	武侯区	9	12000	3	180.00
成都玺悦文化传播有限公司	2016	双流区	3	800	1	5.00
成都音画时代文化传播有限公司	2013	武侯区	5	10000	1	30.00
成都娱歌文化传播有限公司	2012	武侯区	4	570	1	22.00
成都异域之旅文化传播有限公司	2012	武侯区	4	9000	20	120.00

续表

单位名称	成立年份	区域	从业人员（人）	观众人次（人）	演出场次（场）	营业收入（万元）
四川仲伯文化传播股份有限公司	2015	天府新区	8	400	1	9.80
成都汇星文化传播有限公司	2018	高新区	3	0	0	31.00
四川登满演艺经纪有限公司	2003	青羊区	6	20000	15	192.00
成都乱红文化传播有限公司	2014	青羊区	6	0	0	0.00
四川华人文化经纪有限公司	2012	青羊区	5	1300	4	21.76
成都凤鸣三江演艺文化传播有限公司	2016	武侯区	12	0	0	120.00
四川琰森文化传播有限责任公司	2015	成华区	6	0	0	0.00
成都樱木子演出经纪有限责任公司	2001	锦江区	3	0	0	0.00
四川渠虔娱乐投资管理有限公司	2012	武侯区	8	32000	6	14.00
成都玖吉文化传媒有限公司	2016	锦江区	10	600	20	26.13
成都启唐文化传播有限公司	2016	青羊区	8	6007	1	117.01
四川亚恩斯音乐制作有限公司	2015	锦江区	40	7000	2	60.00
四川星宇乐文化传播有限公司	2016	武侯区	5	1000	2	6.00
成都华宇春秋文化传媒有限公司	2015	青羊区	10	0	0	79.85
成都豌豆广告有限公司	2017	锦江区	8	0	0	55.10
成都市晚笛文化传播有限公司	2016	成华区	4	400	8	53.21
成都善佑文化传播有限公司	2014	新都区	2	0	0	0.00
成都星线文化传媒有限公司	2013	青羊区	5	500	3	2.00
成都青璇文化传播有限公司	2018	高新区	5	0	0	9.80
成都麦知文化传媒有限公司	2018	高新区	5	0	0	6.25
成都玛莉雅文化传播有限公司	2015	锦江区	4	100	5	61.48
成都雷霆寰宇文化传播有限公司	2014	锦江区	6	10000	36	175.85
成都超艺文化传播有限公司	2011	武侯区	3	300	1	3.60
成都易通锦韬文化传播有限公司	2018	成华区	5	0	0	5.00
成都小呱子文化传媒有限公司	2016	高新区	3	0	0	0.00
成都航逸科技有限公司	2017	天府新区	6	0	0	0.00
成都星锦玩家科技有限公司	2017	高新区	28	0	0	0.00
成都中佳信文化传媒有限公司	2017	锦江区	12	0	0	0.00

续表

单位名称	成立年份	区域	从业人员（人）	观众人次（人）	演出场次（场）	营业收入（万元）
成都瘾食文化传媒有限公司	2017	锦江区	15	0	0	0.00
成都福轩文化传播有限公司	2016	新都区	5	0	0	0.00

资料来源：四川省文化厅市场处。

对成都 2018 年取得营业性演出许可证的演出经纪机构进行区域分布统计可见，武侯区拥有 33 家营业性演出许可证的演出经纪机构，为数量最多区域。锦江区、青羊区和高新区分别以 22 家、20 家和 19 家居第二、第三、第四位。成华区、金牛区、新都区、天府新区和双流区有少量机构分布，其他区域没有相关机构。取得营业性演出许可证的演出经纪机构分布较为集中，在全市范围内分布不均（见图 4）。

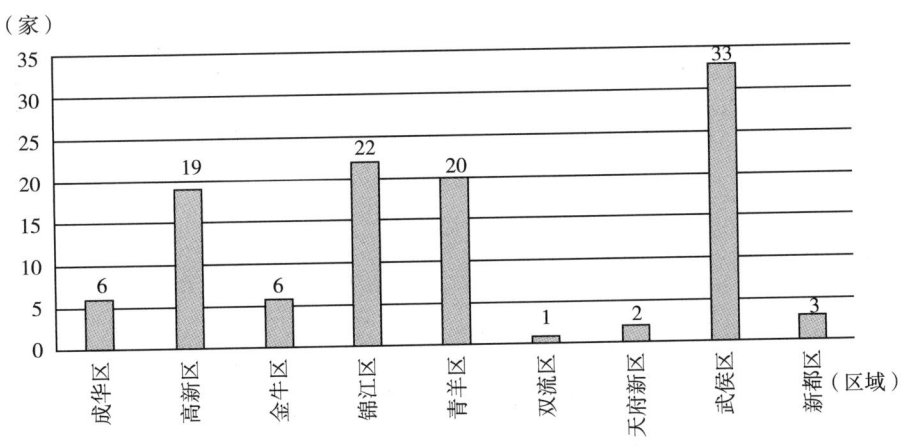

图 4　成都市各区域有营业性演出许可证的演出经纪机构数

资料来源：四川省文化厅市场处。

对成都 2018 年取得营业性演出许可证的演出经纪机构进行区域从业人员统计可见，锦江区因有成都演艺集团有限公司、成都华星兄弟文化传媒有限公司、成都天成声音传媒有限公司等相对较大型企业，以474人居全市第一位，武侯区、高新区和青羊区分布以400人、257人和230人居全市第二、第三、第四位。成华区因拥有较大型企业——成都东郊记忆园区运营管理有限公司，即使该区只有6家企业，但仅拥有107位从业人员（见表10）。

表10 成都市各区域有营业性演出许可证的演出经纪机构从业人员数

区域	从业人员（人）	区域	从业人员（人）
锦江区	474	金牛区	59
武侯区	400	天府新区	14
高新区	257	新都区	12
青羊区	230	双流区	3
成华区	107	总计	1556

资料来源：四川省文化厅市场处。

（四）票务机构

通过工商注册数据，对成都演出市场票务公司（含国内大型票务公司成都分公司）注册资本金1000万元及以上的企业进行统计，筛选出64家企业（见表11）。

表11 成都演出市场票务公司情况

公司名称	区域	注册资本（万元）	成立年份
大麦网	北京	—	2004
北京春秋永乐文化传播股份有限公司（永乐网）	北京	6075	2003
深圳市聚橙网络技术有限公司（聚橙网）	深圳	1007.93	2007
四川天府国际会展有限公司	天府新区	500000	2017
咪咕音乐有限公司	高新区	110000	2014
四川魅力川西旅游开发有限公司	锦江区	10500	2017
成都和之音文化传播有限公司	锦江区	10000	2018
红太阳影业股份有限公司	青羊区	10000	2016

续表

公司名称	区域	注册资本（万元）	成立年份
买遍有限公司	双流区	10000	2018
环球盛世文旅发展有限公司	高新区	10000	2018
成都紫海天香文化传播有限公司	成华区	8000	2018
成都华谊春秋永乐文化传媒有限公司	锦江区	8000	2017
成都昊堂文化传播有限公司	成华区	7000	2018
成都琦吖文化传播有限公司	成华区	6500	2018
光彩西部生态旅游开发有限公司	武侯区	5000	2016
成都万达酒店投资有限公司	锦江区	5000	2013
光彩西部文化传媒有限公司	武侯区	5000	2016
四川启雅尚文化传媒有限公司	金牛区	5000	2018
四川中亚文旅有限公司	高新区	5000	2017
四川大美域禾文化旅游管理有限公司	锦江区	5000	2018
四川汇安融信息技术服务有限公司	高新区	3000	2014
成都欢喜会体育文化传播有限公司	成华区	3000	2015
四川木比塔旅游管理有限公司	天府新区	3000	2017
成都中韩环球文化传媒有限公司	锦江区	3000	2016
四川南创星火旅游开发有限公司	武侯区	3000	2017
四川金傲星煌文化传媒有限责任公司	双流区	2000	2016
成都香颂文化传播有限公司	武侯区	2000	2013
聚立体育文化传播（成都）有限公司	天府新区	2000	2018
成都鑫首创商务服务有限公司	双流区	1200	2017
成都匹诺曹互动文化传播有限公司	高新区	1200	2014
四川喜联荟文化传播有限责任公司	双流区	1200	2017
四川鼎晟汉皇文化传媒有限公司	武侯区	1200	2018
四川凉月湾信息科技有限公司	高新区	1200	2017
成都爱现场网络科技有限公司	高新区	1188	2015
四川厚佳汇众企业管理有限公司	高新区	1080	2016
成都康臣广告传媒有限公司	武侯区	1050	2006
成都欣则兴文化传媒有限公司	高新区	1000	2017

续表

公司名称	区域	注册资本（万元）	成立年份
成都西山居世游科技有限公司	高新区	1000	2012
成都星演文化传播有限公司	成华区	1000	2017
成都剧像演艺有限公司	武侯区	1000	2016
四川锐丰文化传播有限公司	都江堰	1000	2016
成都一人一票网络科技有限公司	武侯区	1000	2017
成都时间盒子创意文化传播有限公司	武侯区	1000	2018
四川传奇文化旅游发展有限公司	锦江区	1000	2017
成都莫大影业有限公司	武侯区	1000	2016
四川津视文化传媒有限公司	武侯区	1000	2018
成都音悦魔方文化传播有限公司	青羊区	1000	2017
成都鼎鼎文化传播有限公司	锦江区	1000	2011
成都信享游科技有限公司	武侯区	1000	2016
四川更虹文化传媒有限公司	青羊区	1000	2016
成都仓央嘉措国际贸易有限公司	武侯区	1000	2017
四川华存电竞娱乐有限公司	青羊区	1000	2018
成都榴莲影业有限公司	天府新区	1000	2018
成都市华视数字移动电视有限公司	武侯区	1000	2005
成都开口笑商务信息咨询有限责任公司	成华区	1000	2015
成都红豆杉文化传媒有限公司	锦江区	1000	2018
四川省艺海文化旅游有限公司	天府新区	1000	2017
成都车度文化传媒有限公司	温江区	1000	2017
蓝闪（成都）影业有限公司	高新区	1000	2018
成都壹也太禾文化旅游管理有限公司	天府新区	1000	2018
成都彪马营销策划有限公司	武侯区	1000	2008
四川行吧国际文化旅游发展有限公司	高新区	1000	2016
成都行者无疆娱乐有限责任公司	高新区	1000	2018
汇安融（成都）金融科技有限公司	锦江区	1000	2017

资料来源：工商注册数据。

将表 11 中的 64 家企业注册地进行统计，成都地区票务公司武侯区有 15 家，居第一位，高新区、锦江区和天府新区分别以 13 家、10 家和 6 家位于第二、第三、第四位（见图 5）。从大麦网提供的数据来看，成都票务市场大麦网约占 60%，永乐网约占 30%，其余为聚橙网和本土公司。

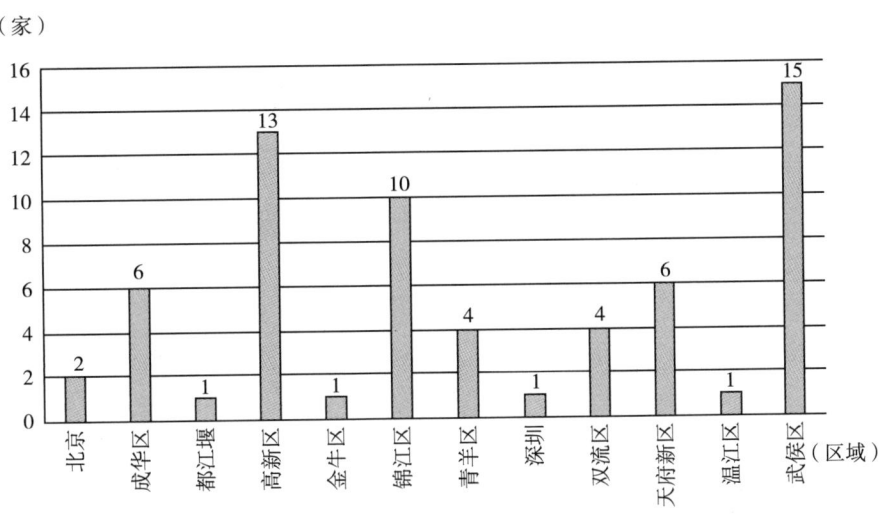

图 5　成都市票务公司区域分布情况

三、演出场馆聚集情况及演出偏好

由图 6 可见，成都演出主要集中在三个区间：东郊记忆板块、地铁 1 号线沿线南侧和地铁 2 号线沿线东南侧，以上三个区间分布的场馆较为密集，演出场次较为频繁，呈现出"一圈两线"的集聚萌芽。具体而言：

以锦城艺术宫起，沿地铁 2 号线向东南延伸经戏弥水吧、苏格缪斯酒吧等小剧场，继而到成都演艺集团、成都市妇女儿童中心、正火艺术中心等演艺剧场，2 号线该沿线剧场剧目以话剧、儿童剧、驻场表演等为主。

以锦城艺术宫起，沿 1 号线向南延伸，经成都体育中心、经典汇艺术剧

市场分析
Market Analysis

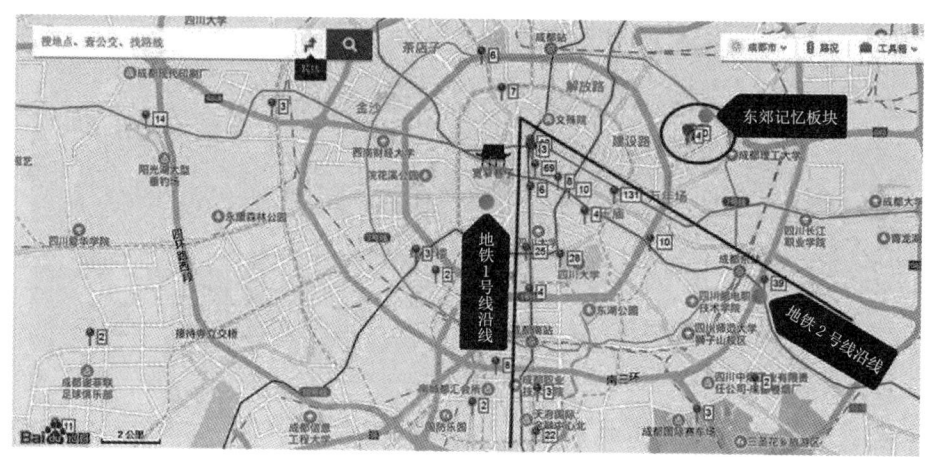

图6 成都市演出场所区域及演出频次分布

场、岷山饭店有限公司、四川省体育馆、世外桃源酒店、凯宾斯基饭店直至大魔方演艺中心，1号线该沿线剧场剧目以演唱会、话剧、音乐会为主。以上两条地铁沿线演艺呈现带状分布。

在东郊记忆及周边中小剧场较多，形成了以东郊记忆演艺中心、东郊记忆锦颂东方演艺厅、东郊记忆舞台、东郊记忆聚空间剧场、东郊记忆声音啤酒馆等演出场地的初步集聚，其中东郊记忆演出场馆剧目以儿童剧、音乐剧为主。

表12反映了聚集区主要剧场的部分演出剧目。

表12 聚集区主要剧场的部分演出剧目

序号	演出场所	演出剧目
1	成都演艺	勒斯皇家爱乐乐团2019新年访华音乐会成都站；法国巴黎宝丽声童声合唱团成都音乐会
2	四川省锦城艺术宫	小猪佩奇的庆祝会；音乐之声奥地利萨尔斯堡童声合唱音乐会
3	正火艺术中心	HITORI ESCAPE in CHINA RED HOT POT TOUR；mono inc 成都专场
4	成都世外桃源大剧院	小野丽莎2018巡回演唱会成都站；维也纳春之声交响乐团新年音乐会成都站
5	四川省体育馆	光良2018巡回演唱会成都站；Priscilla ism陈慧娴演唱会成都站

续表

序号	演出场所	演出剧目
6	大魔方演艺中心	2018 久石让交响音乐会；JESSIE J 巡回演唱会成都站
7	东郊记忆演艺中心	2018elrow on the road 成都站；儿童剧超级飞侠小爱的奇幻旅程
8	欢乐屋文化传播有限公司	水孩子；早安南美；hello 外星人
9	天堂洲际大饭店	EXTERNAL EMOTIONS 乐队驻场演出；FANDO 驻场演出
10	非物质文化遗产博览园	洲际亚洲湾明星演唱会；2018 热波音乐节成都站
11	世纪城假日酒店	JL DUET 乐队驻场演出；美妙旋律驻场演出
12	童卫文化娱乐管理有限公司（大中华）	异域新征程驻场演出；乌克兰舞蹈秀驻场演出
13	电子科技大学清水河校区体育馆	难得—豫橄榄树 2017 成都心灵音乐会齐豫演唱会；王心凌 Cyndi Wants 世界巡回演唱会成都站
14	双流区体育中心	五月天 LIFE 人生无限公司巡回演唱会成都站；A CLASSIC TOUR 学友经典世界巡回演唱会成都站
15	成都市妇女儿童中心	话剧麦克白；话剧遇见 小食空
16	武侯区苏格缪斯酒吧	阳光麾下驻场演出；魅尚秋冬驻场演出
17	海昌极地海洋公园	大洋彼岸驻场表演
18	欢乐谷园区环道	成都欢乐谷艺术文化节驻场演出
19	锦江区戏弥水吧	Radio 乐队驻场演出；乌克兰 Outgates 乐队
20	经典汇艺术剧场	魅力之夜驻场；钢琴探戈驻场
21	名人堂餐饮娱乐有限公司	音乐房子驻场演出；探戈表演驻场
22	四川省歌舞剧院有限责任公司	城市当代艺术季；话剧凯撒大帝
23	国际会议展览中心金色歌剧院	灰姑娘；大河之舞
24	青城国际酒店	歌声飞扬驻场演出；舞动旋律驻场演出
25	四川岷山饭店有限公司	魅力岷山驻场演出；风情异域之旅驻场演出
26	未央演艺公司	异域风情；2017 成都丝绸之路独立音乐展演
27	龙泉驿区蔚然花海	2017 成都丝绸之路独立音乐展演；2017 Springwave Sunset 日落春浪电音节成都场
28	东郊记忆聚空间剧场	JAM Project ASIA TOUR 2018 成都站；大麦超现场成都站

市场分析
Market Analysis

续表

序号	演出场所	演出剧目
29	华侨城大剧院	ARENA 舞朝竞技场齐舞大赛；美国派洛布鲁斯舞蹈剧场多媒体舞剧梦女孩的幻影漂流
30	香格里拉大酒店	香格里拉狂欢嘉年华驻场演出；香格里拉之夜驻场演出
31	向阳凯宾斯基饭店	成都凯宾斯基饭店啤酒节驻场；古巴籍 HAVANA 乐队驻场演出
32	都江堰市玉堂水果侠主题世界	都江堰市玉堂水果侠主题世界驻场演出
33	红星美凯龙世博家居生活广场	喜临门请你睡眠；2017 五一大促红门大赏
34	乔治希尔顿酒店	AG 乐队驻场演出
35	青羊区万达广场	成都青羊万达广场；大商业亮灯仪式演唱会；万达广场金街挂牌暨品牌联盟启动仪式演唱会
36	和弦餐饮管理有限公司	音乐房子旗舰店驻场演出
37	锦江区秀丽东方生态园	2017 百威风暴电音节成都站；2017 成都汽车音乐节
38	首座万豪酒店	Nobee；mas 开业庆典演出；2017 华澳新年年会
39	成都体育中心	神马专车成都尊享音乐盛典；张杰"我想世界"巡回演唱会成都站
40	中国西部国际博览城	全新东风标致 408 上市发布会；欧派荣耀 24 日全民欢聚日
41	东郊记忆锦颂东方演艺厅	香奈儿 2017 18 早春度假系列发布会秀后派对；2017 Carabao Mad House Chengdu 音乐派对
42	东郊记忆舞台	大麦超现场成都站；2017 年成都新年室外音乐会
43	都江堰南桥外广场	都江堰慕尼黑啤酒节
44	海滨城购物中心	海滨城购物中心
45	华熙艺术村	NOW YOU SEE ME LIVE 惊天魔盗团魔幻现场大型魔术秀；2018 丝路狂想马克西姆跨界钢琴演奏会成都站
46	咪咕音乐有限公司（咪咕咖啡店）	咪咕咖啡成都店演出；ME LIVE COLA 成都专场
47	南方家俱有限公司园区内	416 明星来了巫启贤邀您抢工厂
48	世纪城新国际会展中心	2017 腾讯游戏嘉年华
49	双流区黄龙溪学校	十里八湾黄龙溪乡村音乐节
50	温江区国色天乡	疯狂大马戏驻场演出活动
51	武侯区文化馆	2017 咪咕音乐现场成都站袁咏琳专场；2016 咪咕音乐现场巡演之 MATZKA 乐队专场

续表

序号	演出场所	演出剧目
52	中国民用航空飞行学院新津分院	宝墩假期乐享新津2018新津赛艇音乐节；新津县建县1460周年户外音乐节
53	中国现代五项赛事中心	新时代助梦未来十年筑梦点亮生命文艺汇演；2018周杰伦"地表最强2"世界巡回演唱会成都站
54	棕榈泉费尔蒙酒店	乌克兰籍DJ艺人MAKSYMOVYCH VITALII驻场演出

资料来源：根据成都市文广新局县区演出数据汇总。

四、成都市演出市场重点事件

（一）2017~2018年重点演出活动

根据《成都市文化产业发展"十三五"规划》，以及整理相关资料，2017~2018年重点演出活动如表13所示。

表13　2017~2018年重点演出活动

时间	活动	介绍
2018.10.1	西部音乐节	一场为期三天，汇集了华晨宇、小鬼——王琳凯、金玟岐等知名歌手及众多优秀乐队的2018BON BON LAND西部音乐节，在都江堰西部音乐公园正式拉开了序幕，开启了超燃的都江堰假日体验，也成为响应都江堰市助力成都国际音乐之都建设号召的生动实践
2018.10.1	2018成都国际熊猫音乐节	本次音乐节阵容强大，不仅有国际化的艺人组合倾情演绎，还有憨态可掬的国宝大熊猫助阵，可以让更多人了解大熊猫蕴含的文化价值内涵，推动"大熊猫"这一特殊IP成为海内外了解四川的窗口，提升四川在全球的知名度、美誉度和影响力
2018.7.25	成都国际友城青年音乐周	本届音乐周由成都市人民政府主办，成都市人民政府外事侨务办公室、成华区人民政府、成都传媒集团共同承办，以"乐梦无疆·向东绽放"为主题，邀请来自亚洲、欧洲、北美洲、南美洲、大洋洲31个国家42个地区/城市的48支海内外艺术团近500名青年艺术家，与44支本土乐队共聚音乐之都，共享文化盛事，在成都奏响国际友谊与人文交流的时代乐章，筑建世界音乐文化交流虹桥

续表

时间	活动	介绍
2018.7.13	2018成都汽车音乐节	已成功举办7届的成都汽车音乐节,凭借豪华明星阵容、炫酷舞台以及丰富潮玩派对,吸引全国数万热爱音乐、热爱汽车、热爱生活的年轻群体,火爆全国。可以说,中国成都汽车音乐节已成为时下年轻人每年一次的盛大狂欢节日
2018.6.16	2018成都日落春浪电音节	2006年日落春浪电音节在台湾创立,是台湾顶级原创电音节品牌,2017年、2018年连续进驻成都,不断叙写亚洲电音指标的辉煌传说,是亚洲电音最具代表性的大型户外电子音乐节
2018.5.19	草莓音乐节	草莓音乐节是国内音乐厂牌摩登天空继"摩登天空音乐节"之后,于2009年创办的另一音乐节品牌,比之摩登天空音乐节,草莓音乐节的气质更为多元,更具有春天、浪漫、爱的特质
2018.3.27	成都首批30个街头艺术表演试点点位公布	成都市文化广电新闻出版局在广泛调研和征求有关城区意见的基础上,正式公布了2018年首批确定的天府广场、春熙路等30个街头艺术表演试点点位,积极启动成都街头艺术表演规范化工作。活动将广泛开展以音乐类为主的街头艺术表演,着力实现街头艺人"打开琴盒收费",打通街头艺术的"生存通道",形成自循环的长效工作机制
2018.3.5	"童心飞扬·蓉城春芽"周末亲子剧场演出季	通过打造成都儿童剧目IP,进一步丰富成都市公共文化服务的内容,建立具有成都特色的文化氛围,搭建父母与孩子互动的桥梁,提升家庭和儿童在成都生活的和谐度和幸福感
2017.10.29	美国萨尔曼冈迪爵士乐音乐会	此前乐团曾在中国内地进行过多场音乐演出,而这次他们携多首原创曲目,将最富激情最High的音乐首秀成都金沙剧场,同时本次演出也是成都金沙遗址博物馆开馆10周年为观众奉献的一场音乐饕餮盛宴
2017.9.25	2017"蓉城之秋"成都国际音乐季	此次音乐季,重塑了从1981年开始的"蓉城之秋"音乐会经典品牌,搭建国内最大的原创音乐比赛平台,加快推进原创音乐发展,做到"全城皆音乐、全域推人才"
2017.8.12	百威风暴电音节	百威风暴电音节的舞台是很多人一直关注的重点,2017年成都风暴电音节外形犹如神秘的"外星基地",现场电音迷们可以感受星河般震撼视觉体验。顶级的音响设备配合现场绚丽的灯光,加上梦幻的氮气烟雾助兴,让整个现场气氛沸腾至最高点
2017.7.29	成都木偶剧《绿野仙踪》	成都市木偶剧团作为西南地区规模最大,艺术品种最全,知名度最高,具有代表性、示范性的国办木偶皮影艺术表演团体,肩负着"非遗"传承的责任。此次演出,为了让小朋友了解更多关于木偶戏的知识,感受木偶戏的魅力,剧团特地开展了"灵动的木偶"主题工作坊

续表

时间	活动	介绍
2017.4.28	成都东郊记忆室外音乐会	以"中国梦·幸福成都"为主题,通过三大板块,包括成都之春室外音乐会、音乐作品创作征集、音乐作品展演,用音乐和多元化的演出充分调动市民的关注度和参与热情,让"中国梦"的热情与希望伴随着音乐的旋律点燃整个成都
2017.3.25	成都乐团"乐动蓉城"大型室外音乐活动	该活动的成功举办,促进了成都音乐产业的市场培育和成都特色音乐文化品牌的树立,同时也是成都民乐团、成都交响乐团转变发展思路,汲取市场化运作手段,构建新型音乐文化发展模式的初步尝试,将对推进成都市音乐产业化发展和促进本土音乐市场的培育具有重要的意义

(二)近3年有关演出市场的主要政策

2016年4月26日,为进一步加快全省音乐产业发展,省政府专门成立了四川省音乐产业发展领导小组,由省长担任组长,推动了四川音乐产业发展进入快车道,各地系列音乐产业发展规划也纷纷出炉。在政府的积极推动下,全省形成了"1+4+N"音乐季互动模式。其中,"1"是指以成都为核心,将成都建设成中国音乐之都,成为国际有影响力的音乐城市。按照全省统一部署,成都市以"政府引导、市场主导、企业主体、产业导向"为原则,出台一系列政策,积极推动成都演出市场活动,培育和推动成都演出市场的转型和发展。根据资料收集整理,成都市演出市场涉及的相关政策如表14所示。

表14 成都市近年主要政策

时间	文件名称	主要政策
2017.12.20	《四川省音乐产业发展专项资金管理办法》	支持传统音乐产业与科技、旅游、体育等融合创新发展,实现技术进步、业态升级及数字化发展: 1. 支持音乐企业孵化、产业聚集和大型专业音乐平台建设 2. 支持原创音乐作品创作出版、版权保护、版权交易和宣传推广 3. 支持在四川制作或实施、反映巴蜀特色、宣传四川文化、提升四川形象的音乐品牌 4. 支持四川民族音乐乐器研发、生产、制造 5. 支持音乐产业专业人才发掘、培养、培训及引进 6. 财政厅、文化厅和省新闻出版广电局确定的其他音乐产业发展项目

续表

时间	文件名称	主要政策
2017.11.24	《成都市"十三五"文化产业发展规划》	1. 扶持重点院团，鼓励开发原创项目 2. 挖掘和培养具有四川文化特色的演员 3. 支持院团和企业利用当地优势开发适应需求的艺术作品 4. 吸引知名演艺企业在成都新建、改建、收购或租用剧场 5. 打造国家音乐产业高地 6. 培育音乐领军企业 7. 完善音乐产业链
2017.7.13	《成都市武侯区促进文化产业发展系列政策》（音乐产业专项政策）	1. 鼓励音乐产业企业在武侯区落户 2. 支持音乐产业载体建设 3. 支持音乐产业企业快速发展 4. 支持乐器产销综合产业发展 5. 鼓励发展音乐文化教育培训和音乐人才培养
2016.11.16	《四川省人民政府关于加快推进文化产业发展的意见》	1. 专项资金、信贷等金融支持 2. 改制、建设优惠政策 3. 税率调整 4. 放宽注册成本、支持连锁经营 5. 发展用地规划调整 6. 奖励领军人物和企业
2016.8.8	《成都市人民政府关于支持音乐产业发展的意见》	1. 加强组织领导 2. 强化财税支持（支持音乐企业、音乐人才、原创音乐、音乐演出、版权交易） 3. 完善市场管理 4. 实行目标管理 5. 扩大舆论宣传

资料来源：根据成都市文广新局数据汇总。

第三节 成都市演出市场发展评估

一、样本企业及其竞争力

企业竞争力是指在竞争性的市场中，一个企业所具有的能够比其他企业更有效地向市场提供产品和服务，并获得赢利和自身发展的综合素质。本文综合运用企业竞争力的评价方法，对当前成都市场具有代表性的演出经营企业进行竞争力分析。通过市场调研和核心从业人员访谈，综合企业 2018 年的经营情况和活跃度，以成都演艺集团、锦城艺术宫、成都金融城演艺中心、华侨城欢乐谷、星娱文化、域上和美公司、大麦网、亿合公司等作为样本企业进行分析。

（一）成都演艺集团

1. 概况

成都演艺集团由四川报业集团、成都传媒集团以及个人股东"亚洲演艺教父"——业丹构成。公司拥有强大的全媒体运营与资本运作能力，是中国及亚洲演艺娱乐运营商之一。公司成立以来文艺演出 5000 余场，足迹遍布全中国和东南亚，观众累计过千万人次。

2. 特色与竞争优势

（1）品牌优势。

2005 年公司斥巨资打造《金沙》音乐剧，推出至今在国内及东南亚地区巡演 2200 余场，先后成功运作多明戈与宋祖英、俄罗斯皇家芭蕾舞团天鹅湖、华语巨星张学友世纪演唱会、王力宏世界巡回演唱会、西城男孩世界告别演唱会、美国加州芭蕾舞团、百老汇音乐剧《猫》、爱尔兰《大河之舞》等。集团同中国著名场馆如北京鸟巢、上海八万人体育场、广州国际体育演艺中心等携手战略合作，在业内具有广泛的影响。

（2）场馆和资本优势。

公司拥有娇子音乐厅、西婵国际剧场两个中型场馆，定位十分明确，是成都市纯音乐厅和纯剧场的标志性场馆。公司拥有雄厚的资本，就流行演出而言，其他本地公司基本都是以承办为主，成都演艺集团是以自己投资为主。

（3）充足的后备人才。

公司依托艺博学校培养大量艺术人才。成都艺博学校是依托四川日报报业集团、成都传媒集团、成都演艺集团的优势资源，以成都艺术中心为基地组建的全国大型、专业的儿童艺术培训集团，是北京舞蹈学院生源基地、四川省舞蹈考级点、四川省音乐考级报名点、四川省业余艺术水平考级报名点。

（4）拥有文化部批准的涉外演出资质。

成都演艺集团是文化部批准的国家 A 级涉外演出经纪机构，具备引进香港、澳门特别行政区和台湾地区及国外演出单位或个人演出活动的资质，近年来公司承接了各类国内外各种演唱会、舞台剧、音乐会等营业性演出。

（二）锦城艺术宫

1. 概况

锦城艺术宫，属四川演出展览公司，是四川省最大的现代演出基地，不仅承接国内外各类文艺团体演出、举办展览及会议、开展文化娱乐活动，还承担着省内各种集会和重大庆典活动。锦城艺术宫定位于打造四川省艺术宫殿堂，以"高端高雅+普及推广"为主，以"引进+推出"为途径，引领四川省演出市场发展。

2. 特色与竞争优势

（1）引入丰富的演出剧目。

锦城艺术宫在引入剧目的时候结合消费者的需求进行精心筛选。首先，根据季节、节气引进不同的剧目。其次，根据票房、口碑等选择大家公认的剧目。其不断引入的高端知名剧目吸引了观众，也树立了自身高端的品牌形象。最后，剧场也积极参与投资制作剧目，结合自身的演出经营管理经验，为剧目提出意见,并直接参与制作、销售和推广活动,如投资知名话剧导演李伯男与音乐总监王铮亮携手打造的话剧《时间都去哪儿了》。

(2) 与时俱进的 O2O 推广策略。

在"互联网+"的时代,锦城艺术宫采取精准的营销推广策略。不仅整合传统的线下平面媒体(报纸、杂志、户外广告等),也积极依托大麦网、淘宝店、聚橙网、新浪微博、微信公众号等线上媒体,线上线下结合,多管齐下,加大宣传推广力度。互联网的利用不仅局限于宣传推广,还有支付方式,开通了在线支付,如支付宝支付、微信支付,为习惯于网络消费的年轻消费者提供便利。

(3) 创新合作采购模式。

从最初演出剧目的选择、引入,到国内宣传推广、演出等,锦城艺术宫在这一过程中以一个独家代理的身份与上游的剧团和下游的演出商合作。在引入剧目这一环节,让上游剧目提供者和下游的演出商双方直接参与到采购这一环节。

(4) 培育未来消费者。

锦城艺术宫从娃娃抓起,开展少儿培训,上演丰富的儿童剧,以期能达到潜移默化的作用,从小培养消费者走进剧场的消费习惯,为未来演出市场培养了大批潜在的消费者。

(三) 成都金融城演艺中心

1. 概况

成都金融城演艺中心(原成都大魔方演艺中心)坐落于成都市高新区,总建筑面积约 9.9 万平方米,由地上 5 层和地下 2 层组成,拥有 1.2 万个固定座位,能兼容演艺活动与体育赛事。中心定位于集综合演艺、艺术展示、时尚娱乐、体育赛事为一体的现代化演艺场馆。

2. 特色与竞争优势

(1) 场馆优势。

整个场馆设计充分体现成都精神与世界智慧,填补了成都大型室内专业演

市场分析
Market Analysis

艺场馆的空缺。场馆采用半环绕式、无台口的新型舞台设计，满足观众的无死角观感需求。场馆以演艺活动兼容体育赛事为核心，涵盖大型演唱会、拼盘演出、游戏电竞比赛、体育赛事等大型互动演出活动。场馆外观特色整体造型呈流线型太空梭状，外立面由三角形的铝蜂窝板拼接而成，金属线条简洁流畅，光影之间勾勒出炫酷的动感曲线。

（2）功能齐全。

中心涵盖票务大厅、展览展示区、内场演出区、观众座席区、演员化妆间、品牌包厢、主题商铺、停车场等功能区，配套设施齐全。馆内配备无死角扇形座位、LA 线阵系列音响、室内承重顶部马道、人脸识别道闸机系统、智能化数字安全监控系统与便捷物品寄存处，智能设备与专业服务无缝衔接。场馆内设有数量充足的化妆间、休息室、办公室及其他后台区域，在确保演职人员安全的同时，可为大型工作团队提供舒适环境。另外还有18个品类丰富的零售区域穿插其中，馆内设有多处餐饮售卖点，为观看体育赛事及娱乐活动的观众提供生活休闲服务。

（四）成都欢乐谷

1. 概况

欢乐谷连锁品牌创立于 1998 年 10 月 1 日，是国家首批 5A 级旅游景区——华侨城旅游的核心产品之一，是中国主题公园第一品牌。成都欢乐谷是继深圳欢乐谷、北京欢乐谷之后，欢乐谷连锁品牌走向全国的第三站，是西部地区规模最大、最具生态特色、最具时尚气息的现代主题乐园。

2. 特色与竞争优势

（1）鲜明的品牌个性。

成都欢乐谷于 2009 年 1 月 18 日正式开园，品牌理念是"创造欢乐、传递欢乐、分享欢乐"。成都欢乐谷以"时尚、动感、欢乐、梦幻"的激情体验吸引着无数的国内外游客。通过丰富多彩的主题文化活动、精彩的演艺以及高品质的服务，传播欢乐文化，缔造欢乐地标，成功跻身亚太地区主题公园前 20 强。

（2）不断丰富的演出项目。

成都欢乐谷有投资 2000 多万元从美国引进的《加勒比海盗》影视特技特效实景表演、有根据四川本地特色创作的《抓壮丁》实景枪战打斗表演，还有大型歌舞晚会《指针》、由彩车和表演方阵组成的欢乐大巡游、鸟类互动表演等精彩节目。2017 年成都欢乐谷再次创新升级，以"一带一路"理念为指导，斥资 6 亿元人民币，占地面积 2.5 万平方米，历经 5 年打造的全新三期"丝路传奇"正式开园，"丝路传奇"主题区域以西域风情的建筑和景观为主要特色。

（五）星娱文化

1. 概况

成都星娱文化传媒股份有限公司自 2006 年创立以来，立足成都，深耕演艺经纪、艺术教育培训、泛娱乐整合营销、IP 研发四大文化产业领域，历经十年淬炼，于 2015 年 12 月挂牌新三板，是四川首批登陆资本市场的民营文化企业之一。

2. 特色与竞争优势

（1）独特的经营模式。

2017 年星娱文化借力资本市场，通过项目定增、企业并购以及多种投资策略，从文化内容提供商、文化产品运营商向文化产业开发商转型升级。公司按照"文化项目化、文化实体化、文化产业化、产业文化化"的战略思路，"艺术品—产品—商品—金融产品"四品一体化、互动化的商业模式，推动企业跨界合作、融合发展。

（2）独具特色的品牌。

公司一方面专注于品牌整合传播服务，另一方面以"文化+旅游"作为切入点，通过品牌音乐节、大型演艺、影视原创 IP 的开发，纵向整合行业资源，打造公司自有文化品牌，拓展文化产业全产业链布局。公司打造的"2016~2018 红原大草原夏季雅克音乐季"，已成为四川最具代表性的原创音乐品牌，是中国"音乐+旅游+环保+体育"城市音乐节的标杆。

（3）商业演出与地方发展融合。

雅克音乐节在节庆区域内设置固定区域，由当地少数民族居民，以家庭为单位设定食宿及日用品的供应区，既丰富了游客的文化体验，保证了游客的食宿及日用所需，也让当地居民在延续了耍坝子的文化生活传统的同时，增加了家庭收入。三年时间内，居民在音乐节七天时间的户均收益不断增加，年增长率达到了26%。

（六）域上和美公司

1. 概况

域上和美集团总部位于中国成都，是中国文化旅游创意产业的先锋企业。旗下有域上和美文化旅游产业规划设计院等40余家分子公司，分别致力于文化与旅游产业的创意策划、规划设计、投资建设、运营管理、市场推广，跨界影视综艺、游戏动漫、竞技赛事及文创IP产品的研发、制作和经营。

2. 特色与竞争优势

（1）坚持文化传承与创新。

域上和美在成立之初的切入点就是专注于文化旅游创意产业，集团在发展过程中始终坚守这一定位。集团对文化的传承和创新的坚持是集团发展的核心竞争力，同时集团强大的执行力、企业文化的感召力和企业的凝聚力也是集团成功的重要因素。

（2）打造特色项目。

域上和美公司项目众多，代表性的有《文成公主》藏文化大型史诗剧及慈觉林古村落保护开发项目、西藏非物质文化遗产体验园暨《金城公主》室内历史舞台剧项目、日喀则《江洛康莎》文化保护及旅游提升综合项目、拉萨达东村精准扶贫综合开发项目。为响应国家"一带一路"倡议，正在推进尼泊尔·中国西藏文化旅游产业园暨《尺尊公主》历史舞台剧项目，柬埔寨吴哥窟·中国四川文化产业园《梦幻吴哥》项目。

（3）构建"旅游演艺+N"的商业模式。

"旅游演艺+N"就是整合各类与旅游相关的模块与演艺一起发展。如

《文成公主》项目,通过收购西藏民族饭店,打造民宿等方式涉足饮食和酒店行业;设置衍生品开发公司,研发和演艺相关的文化创意产品,打造"域上生活"文创品牌,将演艺元素融入文化旅游相关产品的开发。

(七) 大麦网

1. 概况

大麦网成立于2004年,是中国综合类现场娱乐票务营销平台,业务覆盖演唱会、话剧、音乐剧、体育赛事等领域。2017年3月,大麦成为阿里巴巴全资子公司,融入阿里大文娱业务布局,通过线下内容落地与渠道触达服务,助力大文娱各大板块的共同发展。

2. 特色与竞争优势

(1) 独家销售系统支持。

大麦网自主知识产权的MAITIX电子售票系统,多终端、多渠道、地域联网和领域对接的高扩展性的联网售票系统,曾获得第9届国际软件博览会创新奖。同时,大麦网也是中国唯一将网上选座、Print at home、银行终端售票、手机票、RFID技术等整合于一体的、全方位线上线下自有知识产权票务技术的实现者。

(2) 推动用户参与。

大麦点将平台是大麦网为了更好地服务用户,全新推出的用户参与度极高的互动服务功能。用户可以通过支付订金参与大麦点将,支持偶像到期望的城市举办演唱会。通过投票预热、支付订金获得排号、优先选座,实现了用户与演出机构的合作创造。

(3) 合作招商。

大麦网/中国票务在线作为行业领军品牌,兼顾在线销售和传统渠道分销,为各方提供综合票务解决方案。在演出项目合作、演出信息发布、线上线下销售、无线增值服务、品牌营销等诸多方面与各界合作。

(八) 亿合公司

1. 概况

作为本土演艺承办单位,亿合公司于 2009 年在四川省自贡市注册,2017 年落户成都,主要业务涉及演出行业、新媒体工作。演出行业主要专注于演艺执行、落地环节,执行过张学友项目、张惠妹项目、蔡琴项目,公司有自己的艺人如西班牙钢琴王子马里奥等。新媒体的领域包括策划、孵化,目前邓亚萍、潘晓婷的官方微博运营都由亿合公司负责。

2. 特色与竞争优势

(1) 执行力优势。

公司首次使用互联网模式参与张学友项目的执行后,获得圈内一致好评,随后陆续参与了张惠妹项目、蔡琴项目等的执行、落地,其积累的执行和落地经验已经成为其公司的核心竞争力。

(2) 传播优势。

公司从新媒体运营起家,自成立以来就具有利用不同平台进行宣传的优势。进入演艺行业后,公司利用新媒体平台优势,广泛开展策划、孵化等业务。

二、核心从业人员满意度评估

(一) 从业人员的基本情况

通过演艺场所现场发放问卷、演出行业企业调研问卷等形式,共收集到演出行业企业核心从业人员满意度评估有效问卷 104 份。调查显示,成都演出行业从业人员中,30 岁及以下的占到了 48.89%,30~40 岁的有 26.67%,年龄结构呈明显的年轻化(见图 7)。

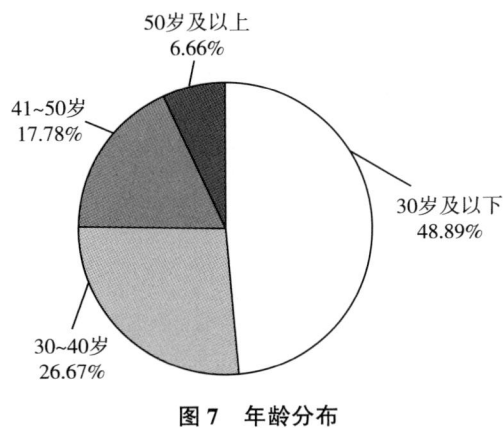

图 7　年龄分布

从学历情况来看，成都演出行业对于学历的要求较高，以本科和中专学历为主，分别占了 62.22% 和 17.78%，说明比较侧重专业知识和技术能力（见图 8）。

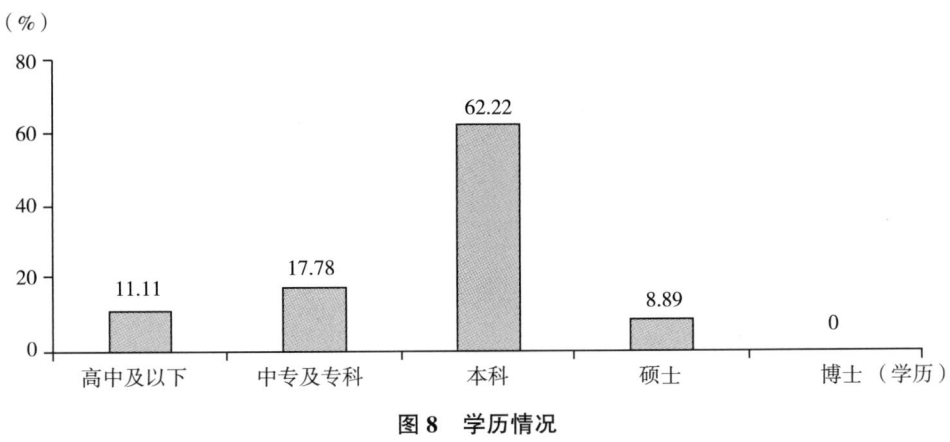

图 8　学历情况

值得注意的是，有 86.67% 的受调查人员表示从事演出行业的原因是热爱艺术，反映出演出行业从业人员对于演出的热情，这也符合社会上对于演艺行业人员的普遍认识（见图 9）。

市场分析
Market Analysis

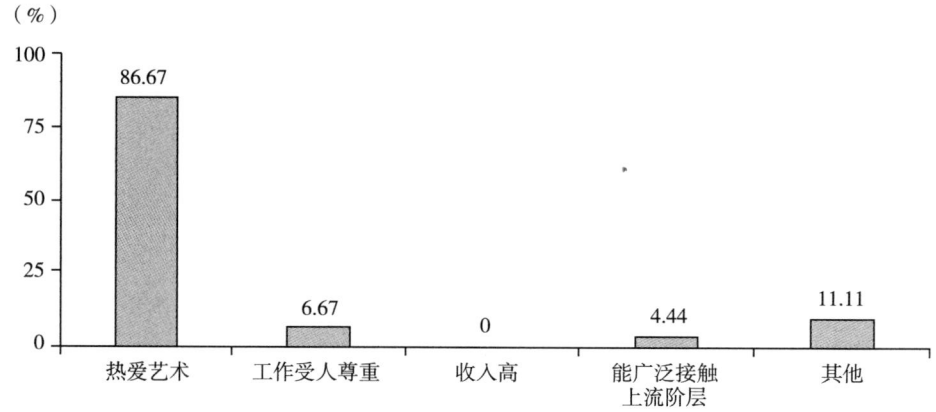

图 9 从事本行业的原因

（二）工作满意度

从工作总体满意度来看，有68.89%的被调查人员填了"满意"或"很满意"，这反映了成都演出行业的从业人员对目前工作的总体满意度较高，而且这一数据远远高于成都艺术品行业从业人员的38.98%，说明成都演出市场要比艺术品市场相对来说更加成熟（见图10）。

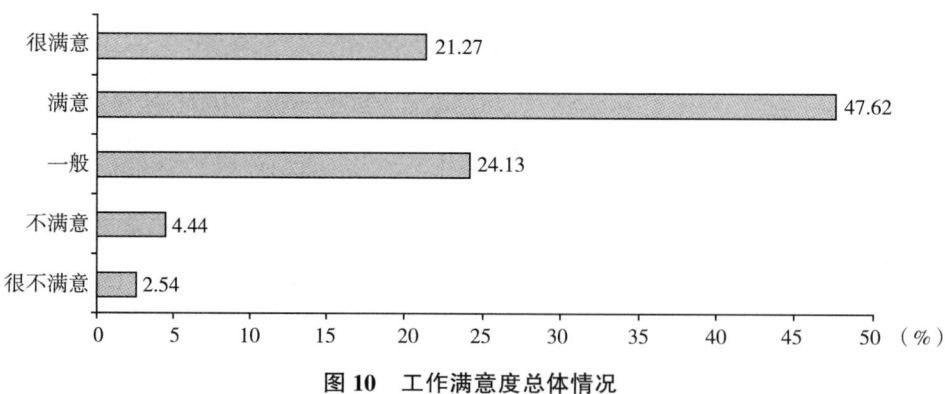

图 10 工作满意度总体情况

分别从七个满意度的细分调查结果来看，"满意"占比都是最多，说明成都演出行业从业人员对目前的工作满意度比较高。其中，公平公正和同事关系的满意度最高,"很满意"和"满意"的占比之和分别达到了80%和84.45%,说明成都演出行业的人事管理体系比较成熟,能做到公平公正、奖惩分明,这也促进了同事关系的和睦(见图11~图17)。

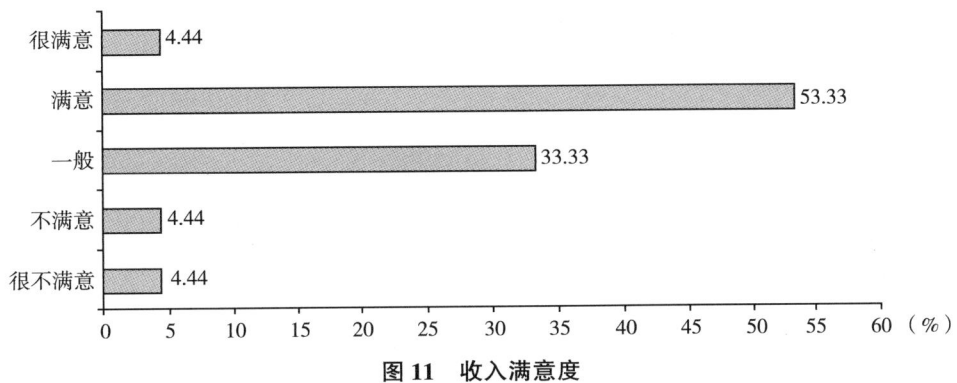

图11 收入满意度

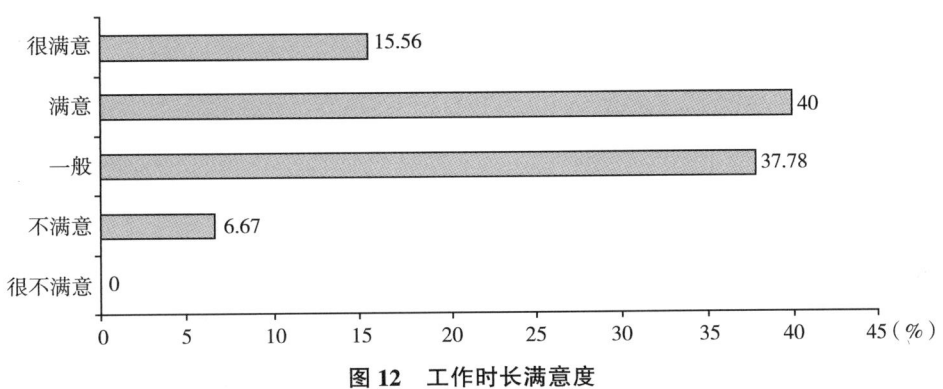

图12 工作时长满意度

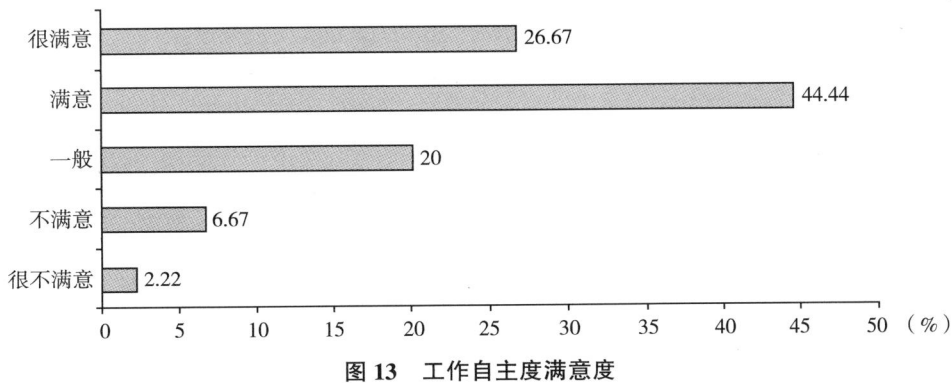

图13 工作自主度满意度

市场分析
Market Analysis

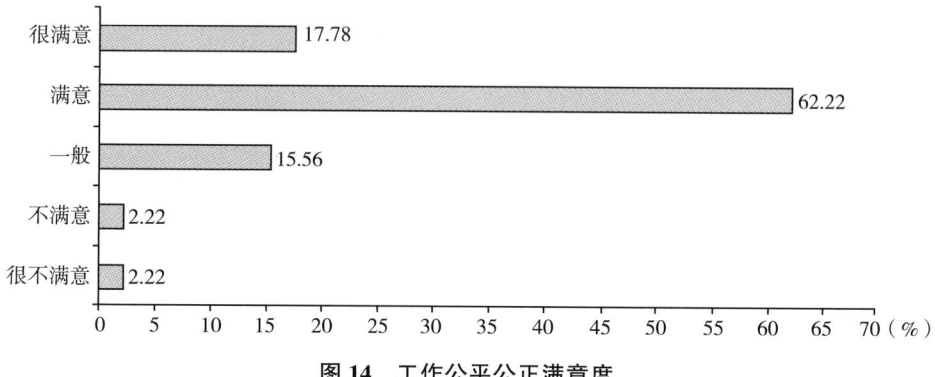

图 14　工作公平公正满意度

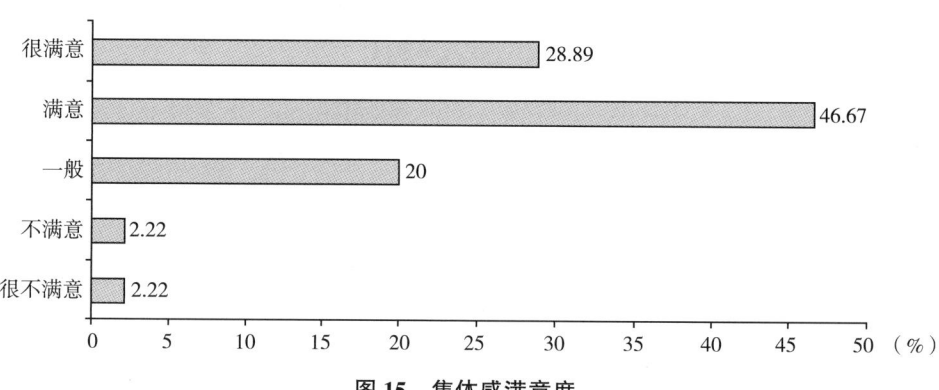

图 15　集体感满意度

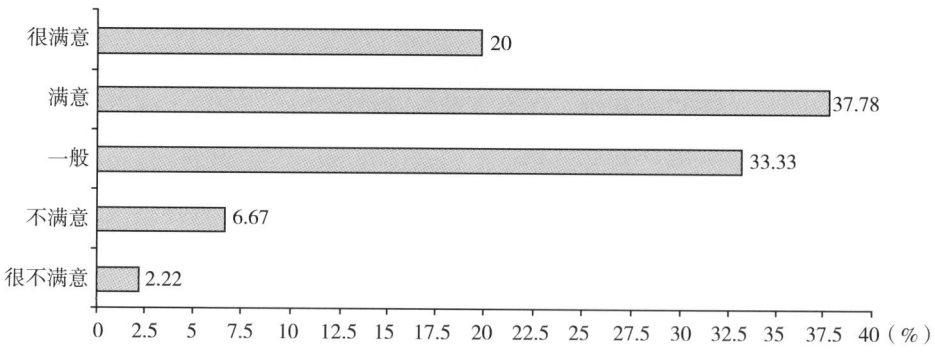

图 16　升职机会满意度

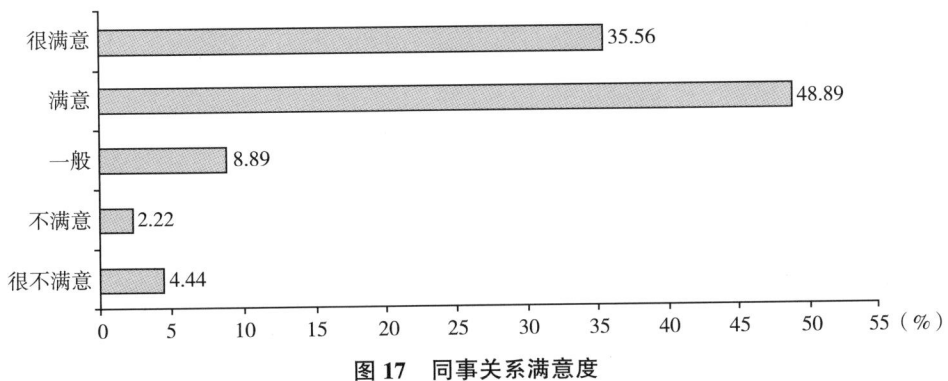

图 17　同事关系满意度

（三）对成都演出市场发展的满意度

从对成都演出市场发展的总体评价情况来看，"满意"的占比达到了 54.17%，超过了一半；"满意"和"很满意"共占了 77.5%，说明从业人员对于成都演出市场发展的总体评价偏好，也体现了成都演出行业近几年来的快速发展（见图 18）。

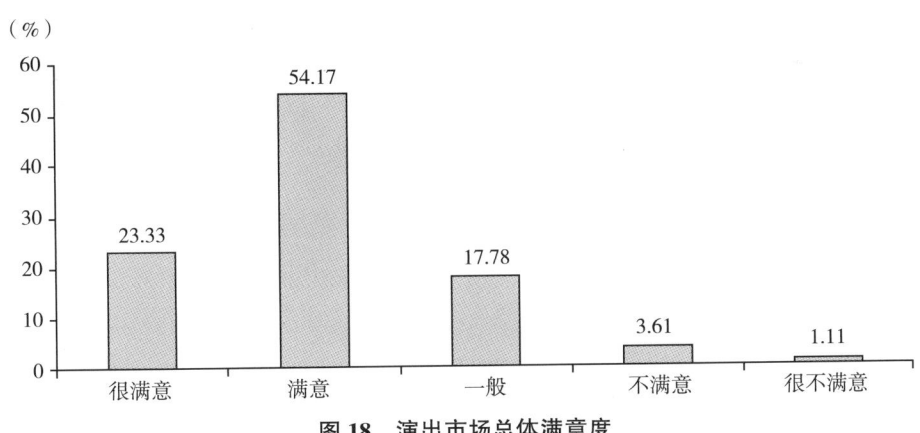

图 18　演出市场总体满意度

从七个对于成都演出市场发展情况的细分评价来看，"满意"和"很满意"的占比之和均超过 60%，"不满意"和"很不满意"之和占比最高的是个人发展空间，占 8.89%（见图 19~图 25）。

市场分析
Market Analysis

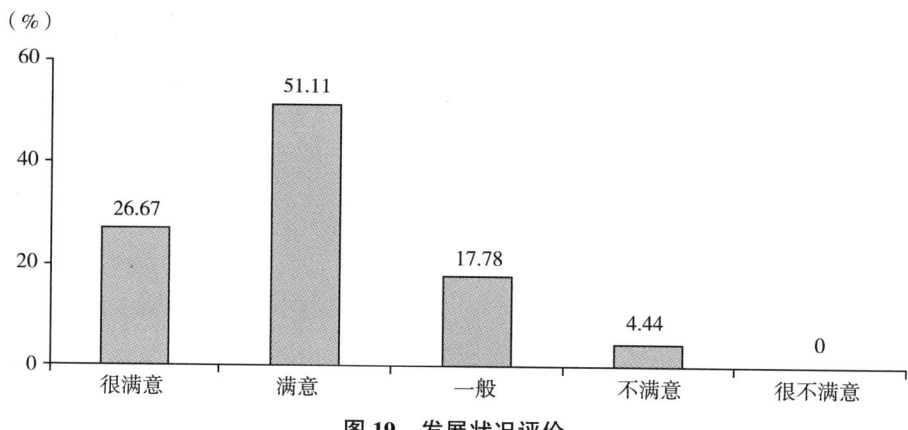

图 19　发展状况评价

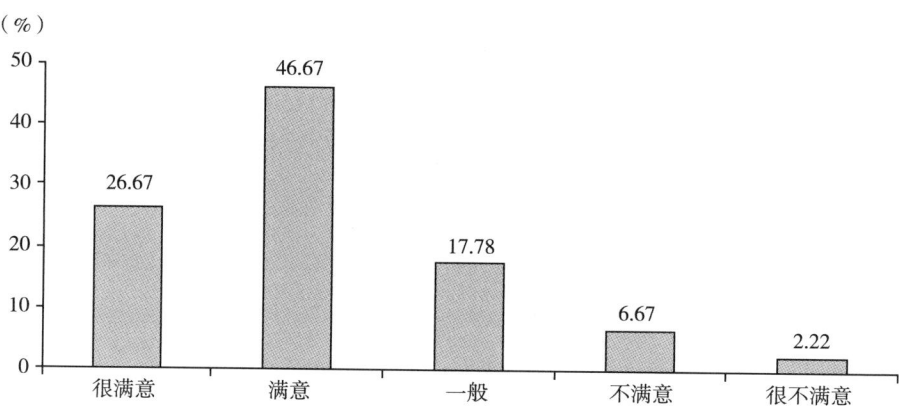

图 20　个人发展空间评价

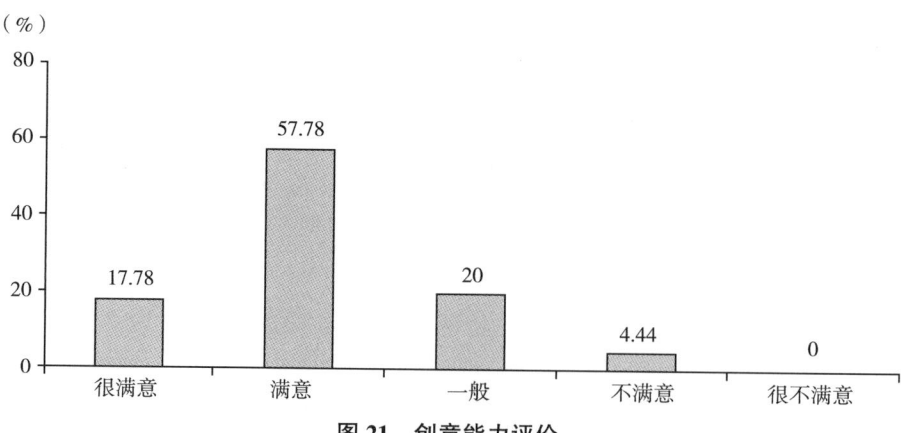

图 21　创意能力评价

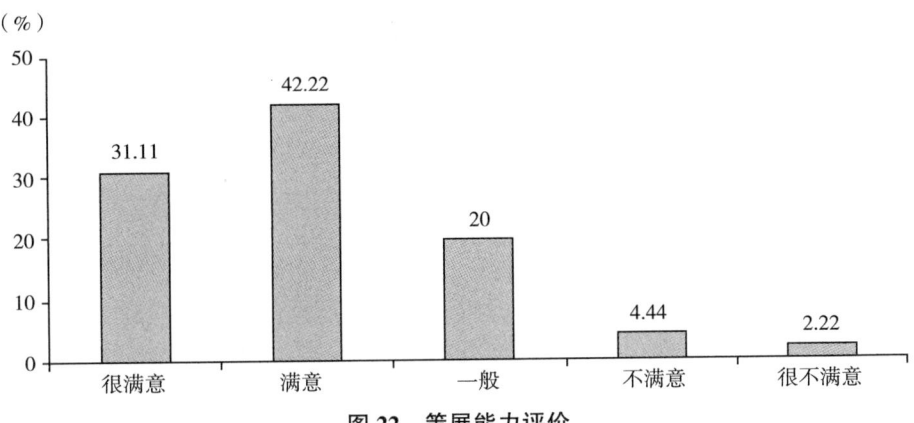

图 22　策展能力评价

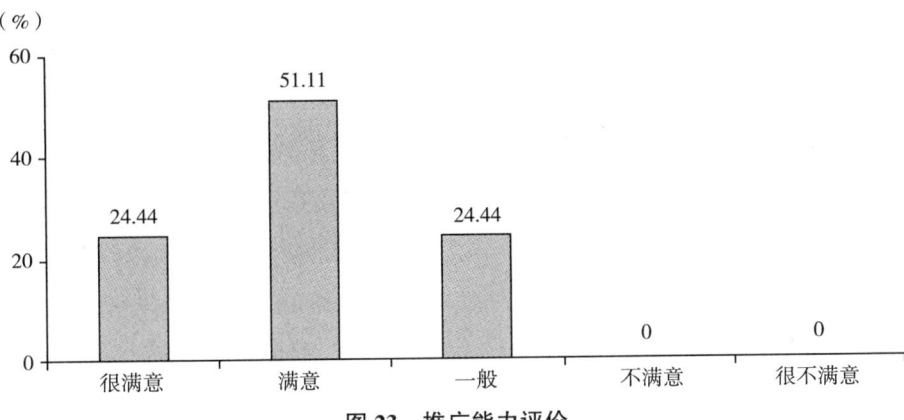

图 23　推广能力评价

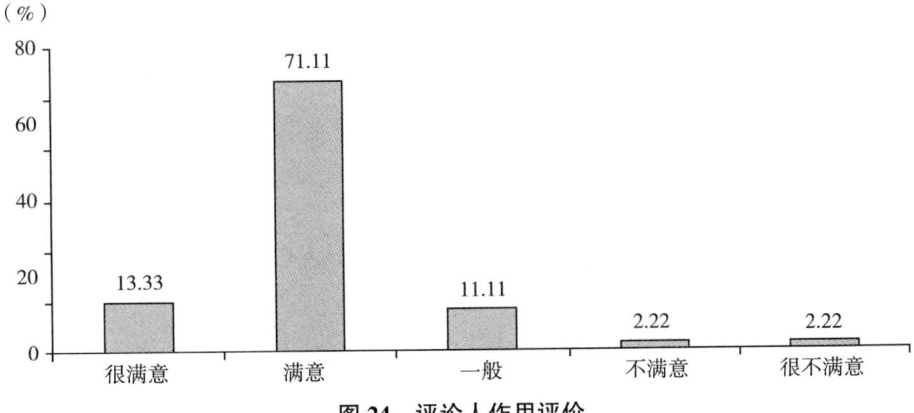

图 24　评论人作用评价

市场分析
Market Analysis

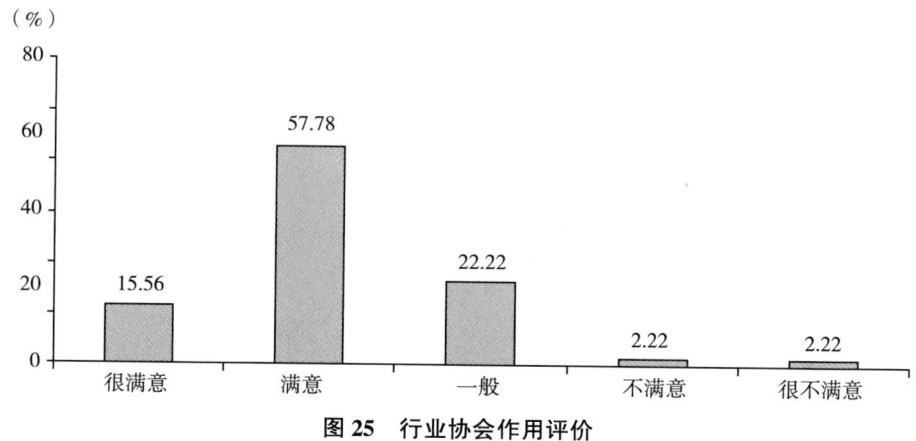

图 25　行业协会作用评价

（四）对成都演出市场政府服务的满意度

从对成都演出市场政府服务总体满意度来看，选择"满意"的达到了 57.78%，选择"很满意"的达到 30%，二者之和达到 87.78%。"不满意"的只有 0.56%，"很不满意"的为零，说明成都演出行业从业人员对政府的工作比较认可（见图 26）。

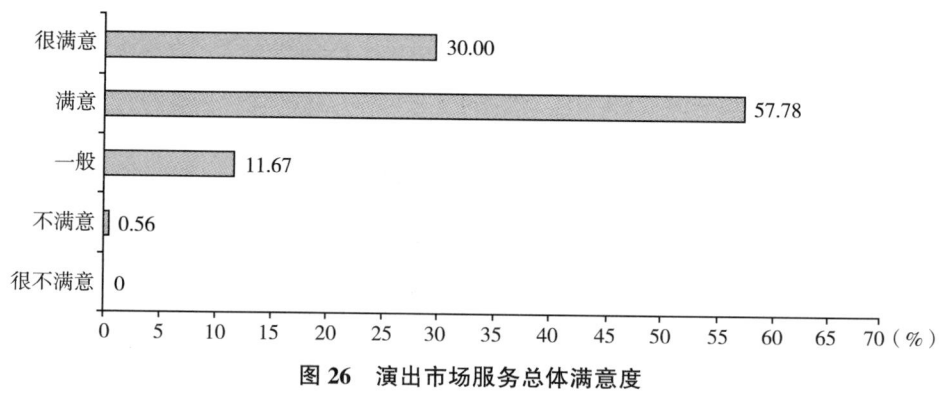

图 26　演出市场服务总体满意度

从以下三个对成都演出市场服务的满意度调查结果来看，选择"很满意"和"满意"的都超过了 80%，其中"很满意"的都在 25% 以上，这个数据明显好于成都艺术品行业的情况，说明成都演出行业的从业人员对政府工作的满意度较高，或者说他们比艺术行业的从业人员更能切身感受到政府相关政策或行政手段带来的影响,体现了成都政府相关部门对于成都演出行业的工作成效(见图27~图29)。

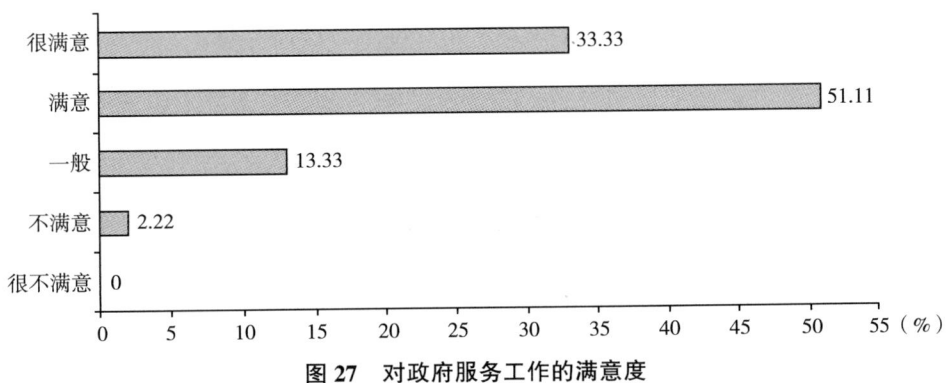

图27 对政府服务工作的满意度

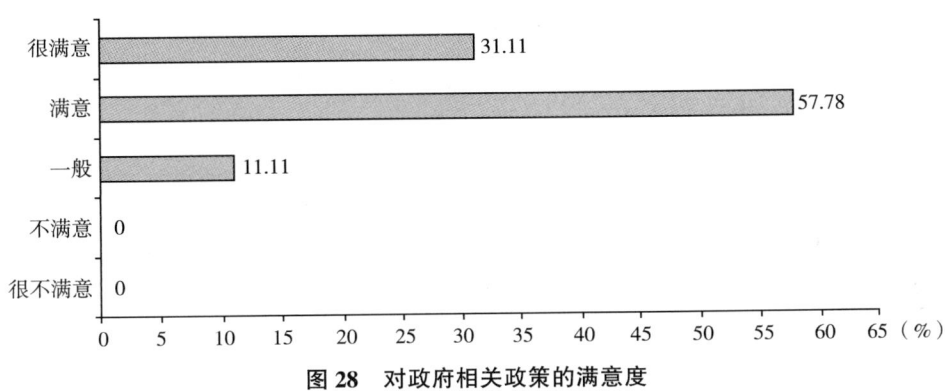

图28 对政府相关政策的满意度

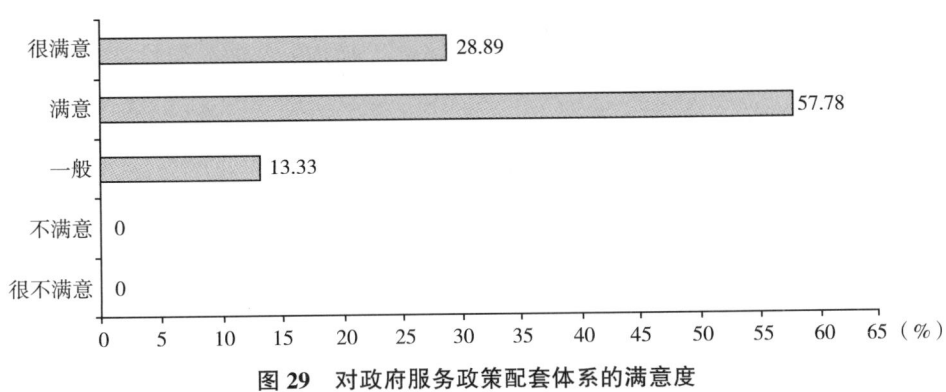

图29 对政府服务政策配套体系的满意度

市场分析
Market Analysis

（五）对成都演出市场外部环境的满意度

从业人员对成都演出市场外部环境的总体满意度情况来看，数量最多的选项为"满意"，占到了47.56%，"很满意"占了12.44%，二者之和达到70%，这个数据表明成都演出市场从业人员对于成都市总体环境是比较满意的，成都市对于演出行业从业人员来说具有较强的吸引力（见图30）。

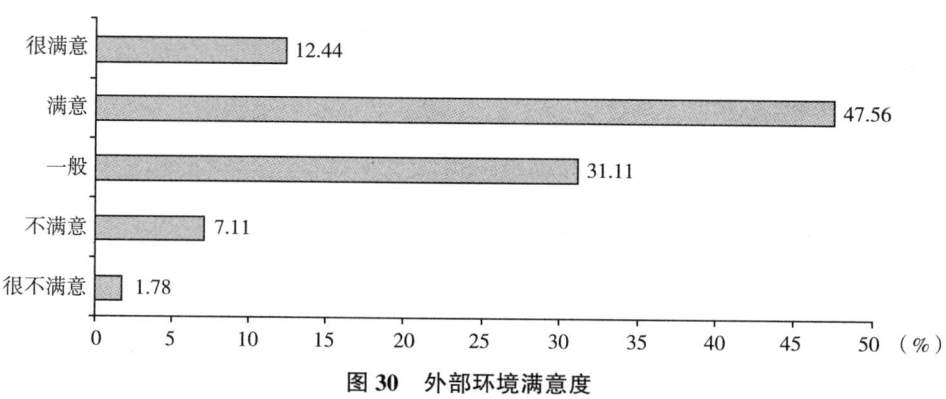

图30 外部环境满意度

从五个对成都演出市场外部环境的细分满意度调查结果来看，成都演出行业从业人员对金融环境和社区环境的满意度最高，"很满意"和"满意"的占比之和分别达到了66.67%和64.45%。相对来说最不满意的是公共交通，"不满意"和"很不满意"之和达到了13.33%，由于近几年成都市经济快速发展，再加上多条地铁线的开工建设，公共交通确实受到了严重的影响，但这都

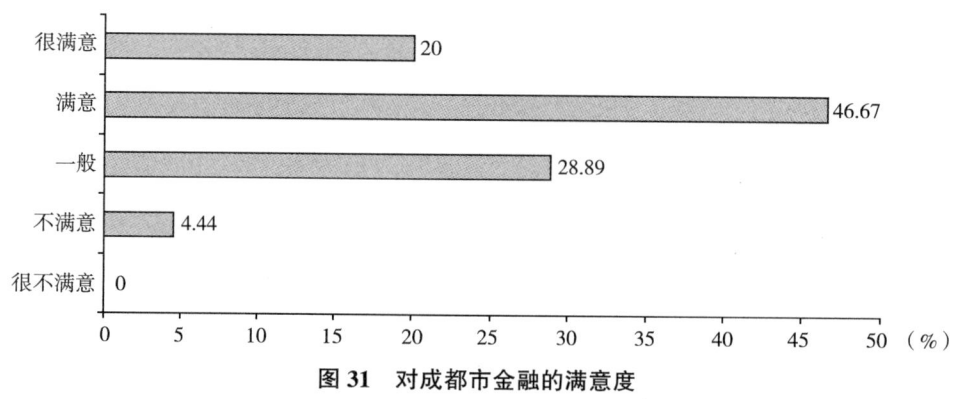

图31 对成都市金融的满意度

是暂时的，随着今后地铁网建设的陆续完成，成都市的公共交通势必会大幅度改善（见图31~图35）。

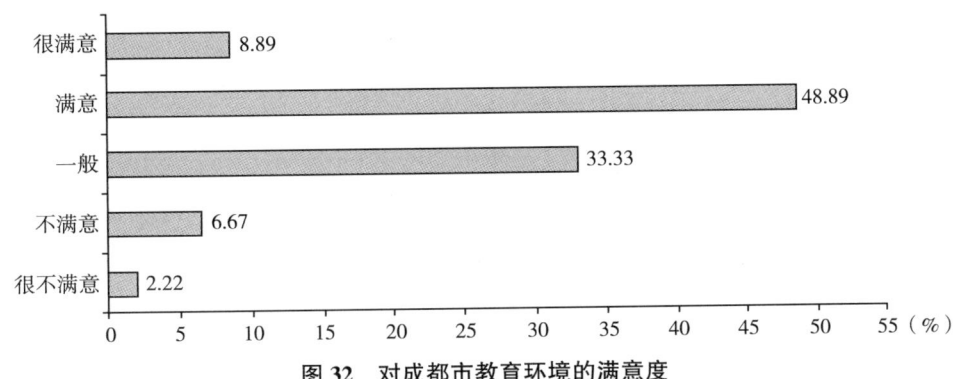

图32 对成都市教育环境的满意度

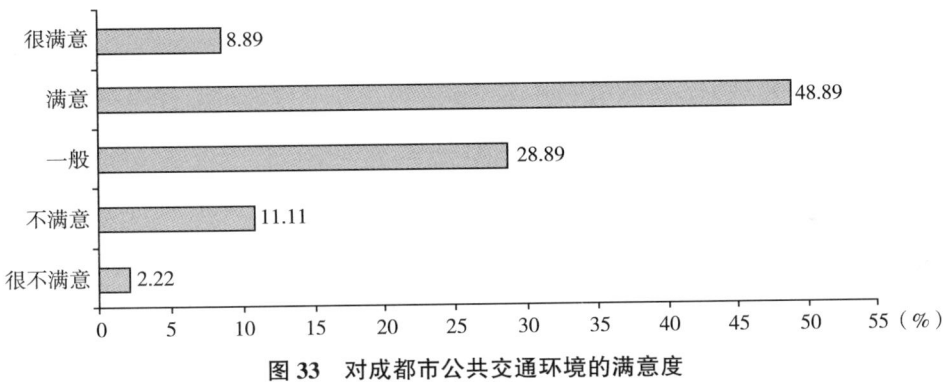

图33 对成都市公共交通环境的满意度

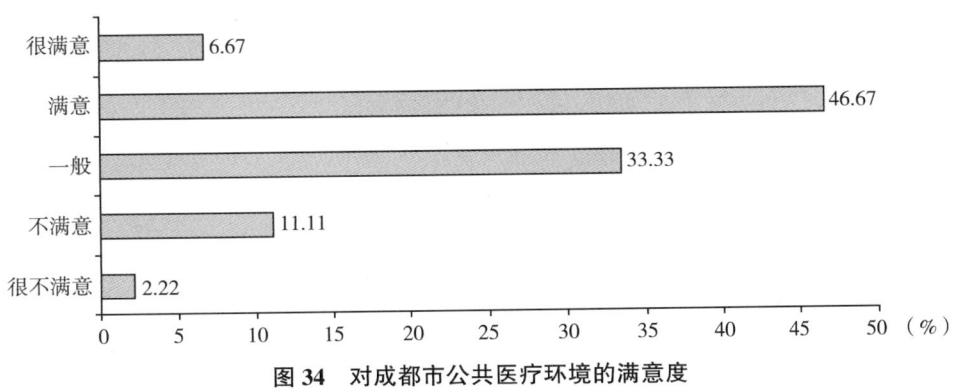

图34 对成都市公共医疗环境的满意度

市场分析
Market Analysis

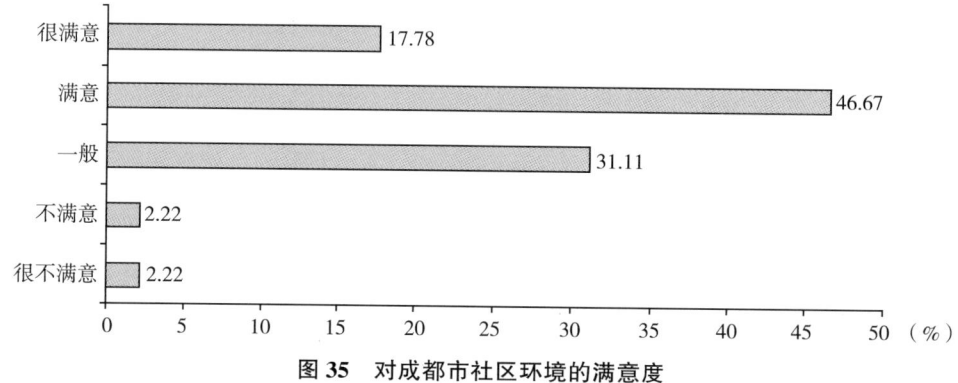

图35　对成都市社区环境的满意度

三、企业发展信心指数分析

（一）数据模型

信心指数是某一相关领域的群体对该领域发展形势的看法和预期的综合。信心指数构建的基本思路是现状指数和预期指数加权法模型：信心指数＝现状信心指数×权重＋预期信心指数×权重。在演出市场企业信心指数问卷设计中，我们将企业现状信心指数和企业预期信心指数分为以下三个板块进行问卷设计与数据收集：①企业经营管理信心指数：该指数主要是对企业经营管理现状及未来的评价和预期，评价项包括企业业务流程上下游因素。②企业融资信心指数：该指数主要是对企业融资现状及未来的评价和预期，评价项包括所在企业和所在行业的融资现状因素。③企业环境信心指数：该指数主要是对企业当前和未来创业环境的评价和预期，评价项主要包括宏观经济、政策和技术等因素。将企业经营管理信心指数、企业融资信心指数、企业环境信心指数三个方面信心指数进行加权求和，得到综合信心指数，模型如图36所示。

（二）数据处理

1. 权重处理

采用模糊层次法和德尔菲专家法得出现状指数和预期指数权重分别为：

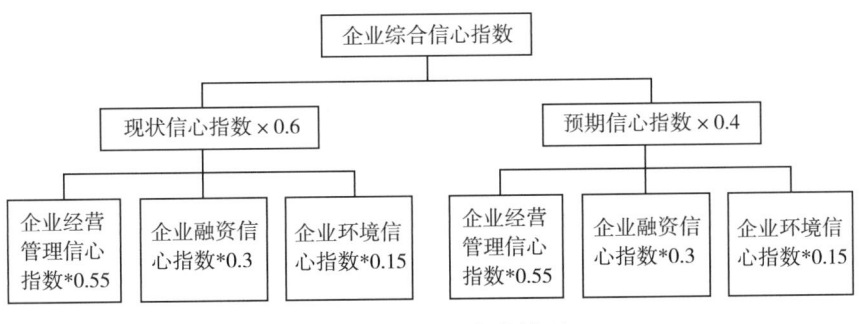

图 36　综合信心指数模型

0.6 和 0.4，企业经营管理信心指数、企业融资信心指数、企业环境信心指数三方面权重分别为：0.55、0.3 和 0.15，并经过层次分析法（AHP）计算组合权向量并做组合一致性检验，权重一致性成立。

2. 信心度赋值

采用美国密歇根大学测度消费者信心指数的方法。X_i 的取值在 0~100 之间，当 X_i 为 0 时表示所有人都悲观，当 X_i 为 100 时表示所有人都乐观，以 50 为基数，也是信心指数临界值。信心指数超过 50 则为乐观，等于 50 则为一般，小于 50 则为悲观。

将问卷中信心度划分为五个档次（依次为非常乐观、乐观、一般、悲观和非常悲观），并对每个档次赋值（依次为 100、75、50、25 和 0），然后根据问卷结果中每个评价选项的比例（P1、P2、P3、P4 和 P5）进行加权：X_i = 100×P1+75×P2+50×P3+25×P4+0×P5。

通过演出经营场所现场发放问卷、问卷星网络问卷、艺术品行业企业调研发放问卷等形式，共收集到演出市场企业发展信心指数有效问卷 131 份。其中，企业所有者占比 6.98%，企业经营管理者占比 30.23%，员工占比 61.63%，想创业者占比 1.16%，经营管理者、员工占比较大，这些问卷填写者的观点基本能代表当前企业的管理层和员工信心状态（见图 37）。

市场分析
Market Analysis

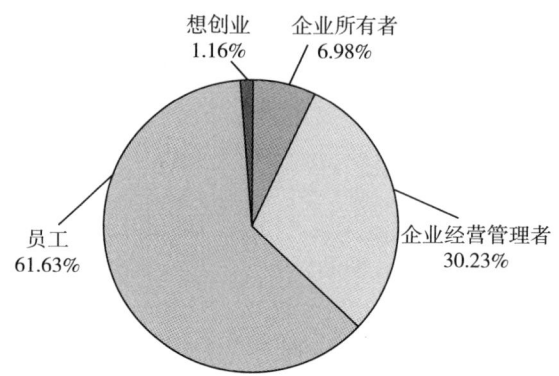

图37　问卷填写者在企业中扮演角色分布

（三）企业现状信心指数

1. 企业经营管理现状信心指数

企业经营管理现状信心指数通过对内容创意状况（创作、设计等）信心度、生产的产品或服务状况信心度、产品或服务的销售状况信心度和公司管理状态信心度四个方面的调研，用数据建模公式得出企业经营管理现状信心指数为67.37。

2. 企业融资现状信心指数

企业融资现状信心指数通过对本季度融资状况和当年整体融资状况两个方面的调研，用数据建模公式得出企业融资现状信心指数为61.92。

3. 企业环境现状信心指数

企业环境现状信心指数通过对宏观经济运行整体状况、成都市文化产业发展环境、成都市文化产业政策环境三个方面的调研，用数据建模公式得出企业环境现状信心指数为66.77。

4. 企业现状信心指数

根据企业现状信心指数公式：企业现状信心指数＝企业经营管理现状信心指数×0.55＋企业融资现状信心指数×0.3＋企业环境现状信心指数×0.15，可得企业现状信心指数为65.64（见图38）。

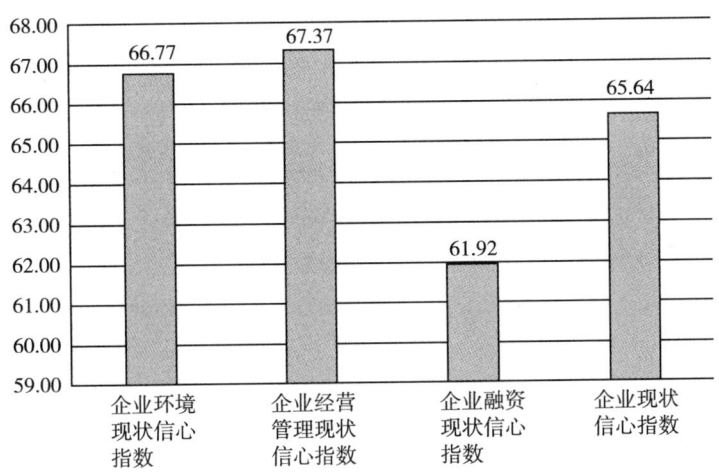

图 38　企业现状信心指数

（四）企业预期信心指数

1. 企业经营管理预期信心指数

企业经营管理预期信心指数通过对内容创意状况（创作、设计等）信心度、生产的产品或服务状况信心度、产品或服务的销售状况信心度和公司管理状态信心度四个方面的调研，用数据建模公式得出企业经营管理预期信心指数为 69.33。

2. 企业融资预期信心指数

企业融资预期信心指数通过对本季度融资状况和当年整体融资状况两个方面的调研，用数据建模公式得出企业融资预期信心指数为 64.97。

3. 企业环境预期信心指数

企业环境预期信心指数通过对宏观经济运行整体状况、成都市文化产业发展环境、成都市文化产业政策环境三个方面的调研，用数据建模公式得出企业环境预期信心指数为 69.57。

4. 企业预期信心指数

根据企业预期信心指数公式：企业预期信心指数＝企业经营管理预期信心指数×0.55＋企业融资预期信心指数×0.3＋企业环境预期信心指数×0.15，可得

市场分析
Market Analysis

企业预期信心指数为 68.06（见图 39）。

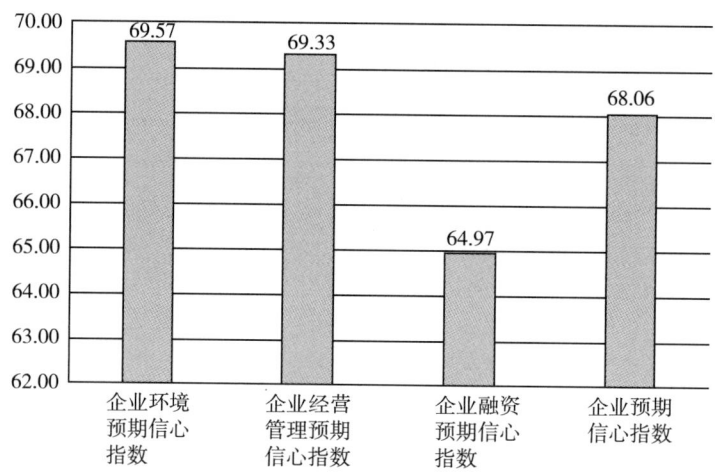

图 39　企业预期信心指数

（五）企业综合信心指数与分项

1. 企业综合信心指数

根据企业综合信心指数公式：企业综合信心指数＝企业现状信心指数×0.6+企业预期信心指数×0.4，可得企业综合信心指数为 66.61。从图 40 可以看出，

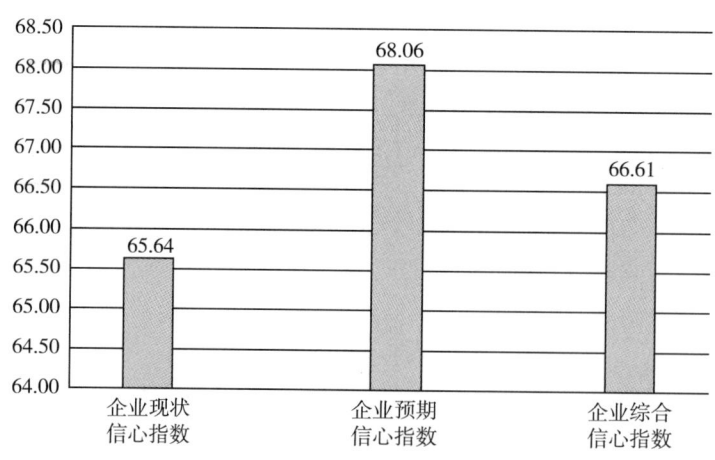

图 40　企业综合信心指数

演艺企业综合信心指数,远高于临界值50,说明演出行业企业对企业的发展持乐观态度。从图40中还可以看出,企业预期信心指数的值高于企业综合信心指数和企业现状信心指数,说明在当前经济环境中,演艺企业对未来(下一年度)的发展状态也是持更加乐观态度。

2. 企业综合信心指数分项分析

从图41可以看出,演出行业企业综合信心指数各分项指数均高于临界值50。具体来看,企业融资信心指数低于企业环境信心指数和企业经营管理信心指数,说明演出行业企业对其融资状况所持的乐观态度相对不足。

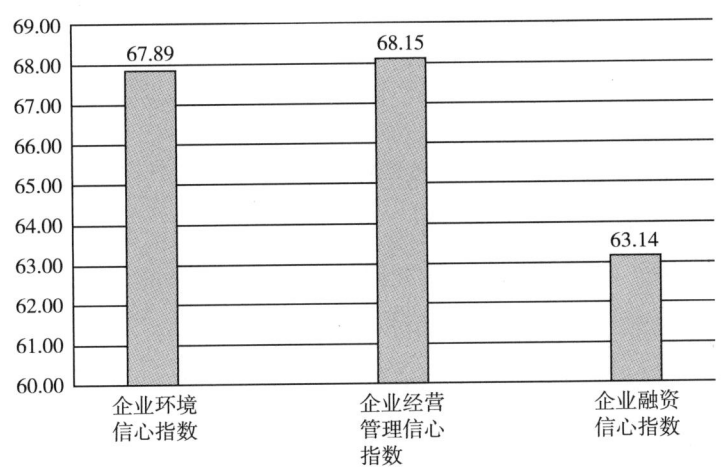

图41 企业分项信心指数

四、政策匹配度分析

(一)方法介绍

政策匹配分析采取"投射—试验后对比分析法",如图42所示,O_1O_2是根据政策执行前的市场发展状况建立起来的趋向线,A_1是在无政策影响下,趋向线在政策发布后的某一时间点可能的市场情况,而A_2则是政策执行后的真实市

市场分析
Market Analysis

场情况，因此 A_2-A_1 的结果，就是政策产生的效果。这种方式能够考虑非政策因素产生的影响，相比于直接比较政策时间前后的市场数据，结果更加准确。

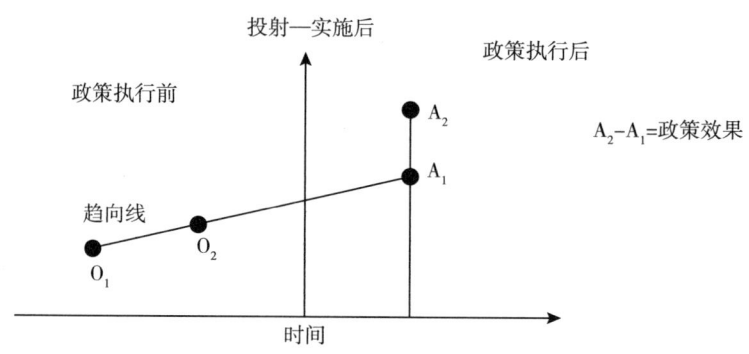

图42 投射—试验后对比分析法

（二）成都市演艺政策对演艺企业注册数量的影响

相关演艺政策在 2016 年末颁布，我们先分析 2016 年末颁布的政策（《成都市人民政府关于支持音乐产业发展的意见》和《四川省人民政府关于加快推进文化产业发展的意见》）对 2017 年演出市场的影响，预测出 2017 年的测算数据，如表 15 所示。通过比较 2017 年的测算数据和实际数据，我们发现，演出市场各环节的企业数量都受到了政策的正面影响，超过了其自然发展状态下的数量，说明政策具有一定鼓励效果。通过查看增加的幅度，我们发现政策对于票务机构数量的影响最强，增幅达 80%。

表15 政策对2017年演出企业注册数量的影响

年份	演出经纪机构	文艺表演团体	演出场所	票务服务机构
2017（实际）	587	387	51	83
2017（测算）	430	352	33	46
差值	+157	+35	+18	+37
增幅	37%	10%	55%	80%

同样地，我们分析 2017 年末颁布的政策（《成都市"十三五"文化产业发展规划》和《四川省音乐产业发展专项资金管理办法》）及以往的政策对 2018 年演出市场的影响情况。预测出 2018 年的测算数据，如表 16 所示。可以看到政策对于演出市场的影响效果依旧存在，且同样是正面影响，颁布政策后，演出市场的企业数量较之自然发展状态下有所提高，影响力最大的还是票务机构，增幅达 57%。

表 16　政策对 2018 年演出企业注册数量的影响

年份	演艺企业	演出经纪机构	文艺表演团体	演出场所	票务服务机构
2018（实际）	972	652	481	46	88
2018（测算）	893	574	457	41	56
差值	+79	+78	+24	+5	+32
增幅	9%	14%	5%	12%	57%

与 2017 年政策带来的明显效果不同，2018 年受到的政策影响不如此前那么大，但这并不说明政策缺乏影响力，可能是因为成都演出市场注册企业在快速发展过后会逐渐趋向稳定，企业数量的增加速度较之前相对缓慢。

第四节　总结与建议

一、成都市演出市场的发展优势

（一）市场消费需求大，包容性强

成都观众对文化多样性的接受度较高，随着广大人民群众生活水平的不断提高，居民文化娱乐消费的不断增长，将为成都市演出市场发展创造巨大的市

场空间。目前,成都演艺消费需求已呈现多层次、多元化的趋势。休闲时间观看文艺演出、欣赏音乐舞蹈已逐渐成为人们精神文化生活不可缺少的内容。以此为基础,成都演艺市场具有良好的发展前景。

(二) 演艺活动频繁,流行音乐演唱成为风向标

从20世纪90年代末成都举办第一场港台流行音乐演唱会至今,特别是自2011年形成爆发式增长以来,成都本地已经发展成为除北京、上海、深圳之外的"演唱会第四城"。户外超大型音乐演出在成都发展极快,以2009年落地成都的草莓音乐节为代表的户外音乐节品牌,已经把成都列为北京和上海之外的第三选择。由于成都市流行音乐演唱会体量大、受关注程度高、票房规模大、自带流量和话题性,契合了国内演出市场的发展,使它在行业内有了"风向标"的效应,大部分演出机构愿意把成都作为巡演第一站,以成都为中心向全国辐射。例如"陈奕迅"项目在2012年以前经常亏损,将成都作为第一站后,短短两天就卖光全部门票,从此实现翻盘。

(三) 演艺企业发展迅速,有初步聚集效应

成都演出企业发展迅速,主要成立在近六年,占成都市演出企业的87.54%,多注册在武侯区、锦江区和高新区。近三年,锦江区活动演出场次最多,成都演艺集团剧院和锦城艺术宫成为成都演出场次最为频繁的两大剧场。从演出场馆频次来看,成都演出较集中在东郊记忆板块、地铁1号线沿线南侧、地铁2号线沿线东南侧,在演出场馆分布方面,已呈现初步的"一圈两线"集聚特征。演出场馆的聚集,将会产生更大的经济效益和社会效应,并形成地区品牌。

(四) 可利用资源丰富,市场转化潜力大

丰富多彩的历史文化资源以及巴蜀特色,是成都演出市场创作与生产的不竭源泉,为演出市场提供取之不尽的素材。金沙遗址、都江堰等都孵化了当地文化演出项目。川剧、皮影戏、话剧、歌舞等艺术表现形式,都留下了成都本土特色的烙印。同时,成都本土演艺人才资源丰富,四川音乐学院、四川传媒学院、四川文化艺术学院、四川艺术职业学院、四川影视学院,以及四川大学

艺术学院、西华大学艺术学院、西南民族大学艺术学院等成都众多高校艺术表演和文化产业专业，还有新兴的四川大学文化创意管理博士培养、国家级音乐产业基地成都东郊记忆，将为四川文化资源的转化和四川演出市场的发展提供坚实的支撑。

二、成都市演出市场存在的主要问题

（一）上游环节的问题

1. 剧目丰富度不足，急缺自有精品 IP 项目

在成都市演出行业中，缺乏本地精品项目，多为外地引进。杭州有《宋城千古情》，桂林有《印象》，而成都的《金沙》已经停演，具有代表性的三国文化没有得到有效开发。此外，川剧演出的国内影响力也明显不足。

2. 演艺人才外流严重，剧场孵化能力不足

从成都发展起来的演艺人员，因本地缺少优秀的项目、实力雄厚的经纪公司和长远的发展机会，大都与北京、上海的经纪机构签约，艺人流失严重。此外，许多剧场特别是小剧场是孵化艺术人才的核心场地，但是成都剧场孵化生态堪忧。大多数小剧场创新活力不足，艺术人才也由于待遇问题不愿到小剧场进行沉淀和积累，更多艺人愿意去做能快速积累财富的网剧。

3. 演出机构本地化不足，资源利用能力不够

成都演出市场近年快速崛起了域上和美、星娱文化等新兴演出企业，但这些企业缺乏对成都市场的深耕，没有形成代表性的成都演艺剧目品牌。这也反映出地方政府与演出企业的合作不够，有待多方共同推动本土优秀文化资源的开发和打造。

（二）中游环节的问题

1. 演出经纪能力不足

由于缺乏实力雄厚的经纪机构，成都本地演出经纪公司多是做演出行业的承办环节，从中收取少量的承办费用。据调研，成都演出市场有名的剧目大部分是外地企业引入，少有成都本地企业根据当地需求引入。由于本地企业经纪能力不足，影响了成都演出市场产业链高度化发展。同时，成都的演艺承接公司仅有几家有能力负责安全问题，包括演出内容的监控、演出现场的观众组织和安保安排等。大部分承办公司只负责收集资料申报，对演出和现场观众的安全难以有效承担责任。

2. 宣传推广不力

由于演出行业的项目多，细分客户群体也较多，在演出承接机构缺乏有效推广手段、缺乏互联网时代的有效推广平台和渠道下，演出机构难以针对细分的客户群体进行有效宣传。目前，成都的宣传渠道较为涣散，不利于宣传信息的精准发布，制约了市场发展。

3. "黄牛"屡禁不止

无论是"一票难求"的演出活动，还是中小型剧场演出，成都多次出现哄抬票价，以高价出售二手票的情况，扰乱了票务市场。而具有防"黄牛"功能的线上票务系统和现场检查机器需要大数据技术和昂贵的成本费用支撑，大部分演出机构还无力承担。

（三）下游环节的问题

1. 演出场馆缺乏，基础设施不足

据统计，上海有专业剧场145个，北京有专业剧场125个，杭州有95个，成都工商注册的演出场所经营单位有219家，但建成的专业剧场仅11个，加上在建的城市音乐厅、四川大剧院、天府新区省级文化中心，也只有18个。同时，按成都市常住人口1600万计算，成都市每百万人平均专业剧场数仅0.69个，而2007年美国、德国、英国、法国、日本每百万人平均专业剧场数分别为1.8个、3.4个、4.0个、4.2个和4.4个。以美国作为对比，至少需要专业剧场29个。与上海、北京等对比，专业剧场更是严重不足，与音乐之都的建设在硬件设施上存在明显不足。据调研，成都市场馆的缺乏，特别是大中型和特大型场馆缺乏，导致场馆的使用成本居高不下，同样演出却比国内同类型的场馆租金高出30%左右，严重制约了成都演出市场的发展，阻挡了部分想要到成都演出的项目。同时，成都场馆有限加上座位量较少，使得人均票价上升，观众消费成倍高于周边地区。

此外，户外音乐场所的基础配套设施也未能跟上。一方面，公益性音乐场所缺失，政府目前能提供的公益性音乐活动场所多为室内场地，尚无公益性的户外场所，导致在举办音乐节活动上只能租赁商业性场地，增加了大量成本。另一方面，缺乏专业的户外音乐公园，目前的户外场所多是综合型公园，没有专门为户外音乐活动设置特殊的功能配套，导致在举办音乐节活动时，需要大量的人力物力去完善这些功能设施。

2. 消费意识不足，需求不平衡

近年来居民可支配收入不断增长，文娱消费在居民消费结构中占比持续增加，助推了成都文娱行业的发展。但较之于观看电视等免费的文化活动，部分居民还缺乏观看演出的消费意识，此外，部分演出的高票价也使得普通收入的居民望而却步。成都人均观演仅是欧美国家的1/10，虽然演出市场潜力大，但消费现状还有待提高。

另外，不同剧种的演出场次差距较大，消费发展不均衡。较之于比较受欢迎的歌舞、音乐类表演，地方戏曲的市场份额较小，消费需求的不平衡现象比较突出。在北京等地区，曲艺类的节目受到中老年群体甚至是年轻人的喜欢，但成都的川剧受众却非常小。

（四）综合问题

1. 企业融资困难

成都市的金融体系在文化产业板块是较为滞后的，缺乏针对演艺企业的相关信贷产品，且产品细分不够。这导致本土的一些演艺企业往往需要到北京、上海等地区融资，加大了融资的时间成本和资金成本。而成都大型演艺活动亏本的情况屡见不鲜，增加了融资的难度。

融资问题不仅影响了演出行业的客观发展，更影响了演出行业企业的主观信心感受。在本次调研成都演出行业企业综合信心指数中，企业的融资信心低于企业环境信心指数和企业经营管理信心指数，说明演出行业企业对其融资状况所持的乐观态度存在不足。

2. 聚集尚有待培育

成都在演出场馆分布方面，呈现出集聚萌芽的趋势，但是这种演出场馆的聚集程度、演出频次、分工协作、经济效应、品牌影响等还有待大力发展。

3. 国际化能力不足

成都演艺集团等引入的《大河之舞》《猫》《妈妈咪呀》等国际优秀作品都是比较老的作品，成都还很欠缺真正国际级的在当代有影响的剧目。明星演唱会基本上以内地和港台艺人为主，顶级的海外艺人很少选择到成都举办演唱会。同时，成都还缺乏精品演出项目和举办大型活动的场馆和能力，很难吸引国际化的机构进行合作。目前成都国际化的剧目以川剧、交响乐等交流为主，尚不具备商业性和国际性。

三、成都市演出市场发展对策

（一）加强演艺场馆等基础配套设施的规划与建设

1. 财政补贴，税费调整

肩负着演出重任的专业剧场，特别是由公共财政投资兴建的专业剧场，尽管文化体制改革后由事业单位转变为企业，但仍属于重要的公共文化产品，政府应通过财政补贴、税收政策等方式给予专业剧场必要资金支持。一方面，可以借鉴发达国家的公共剧场经费模式，建立政府补贴、社会基金（赞助）、演出收入三者结合的多元化剧场经费保障体系。其中政府补贴主要用于剧场日常维护和人员开支，社会资金和演出收入用于补贴艺术类演出和普及教育类的运营。另一方面，以税费优惠政策降低专业剧场的运营成本。对于公共剧场和商业性剧场，政府应当出台不同的税费优惠政策。特别对于承担公益属性的公共剧场，应在房产税、所得税和销售税等方面予以适当减免。

2. 增加剧场数量，改善剧场设施

比较上海、北京，适应音乐之都的建设，满足市场快速增长的需求，成都一方面需要加快新增剧场建设，增加各类剧场数量，特别是大中型剧场数量；另一方面需要加快老剧场的改造，提升老剧场的服务能力。同时，结合成都情况，制定专业剧场运营管理标准，建立专业剧场管理的质量体系，提升运营水平。建议结合发达国家的剧场管理标准以及国际通行的质量认证模式，编制成都演出行业剧场分级分类管理规范。

3. 助推演艺聚集区形成

从专业剧场的选址来看，可以根据已有剧场的汇集趋势，发展以东郊记忆板块、地铁1号线沿线南侧、地铁2号线沿线东南侧为主的演艺聚集区。一方面便于集中宣传推广；另一方面容易聚集人流量，利于市民出行，未来形成有国际影响力的演出聚集区。

4. 增加大型公益性音乐活动场地

成都市还需在打造专业音乐公园方面增加规划和建设投入，增加大型音乐活动场地。根据城市发展的实际情况，区域性地规划专业音乐公园。同时，在设计规划之初，应考虑到适合大型户外人群聚集的功能分区，提前设置如进出口闸机等配套设施。这样可以减少音乐节类项目的举办成本，提高音乐节筹备的效率。

（二）提升演出内容质量

1. 立足成都特色文化资源

根据2014年文化部、财政部《关于推动特色文化产业发展的指导意见》，成都应因地制宜，突出特色，充分利用成都特色文化资源，把文化资源优势转变为产业优势，构建具有鲜明区域和民族特色的成都演出体系，促进多样化、差异化的演出市场发展，为成都演出市场发展提供源源不断的动力。

2. 鼓励内容创意

一方面，要结合当地文化资源，对资源进行萃取，提出具有代表性并能符合消费者需求的文化资源，运用于节目编剧中，创作文化内涵丰富、适应市场需求的地域和民族特色演艺精品；另一方面，从现有剧目的内容来看，目前广度有余，但深度不足，可以挖掘深层次的文化内涵，让剧目更富有思想性和娱乐性，延长当地演出市场的产品线，满足顾客深层次的体验需求。

3. 内容与技术结合

在制作上，需要有效地将技术与内容结合，更好地呈现表演内容。为此，应加快演艺基础设施建设改造和文艺演出院线建设。加强舞美设计、舞台布景创意和舞台技术装备创新，丰富舞台艺术表现形式。鼓励演艺企业创作开发体现成都优秀文化、融合现代科技的演艺精品。

（三）推进演出市场人才建设

1. 推动表演人才培养

政府和演出机构应鼓励演出人才的成长，根据四川省和成都市关于支持音乐产业发展的相关指导意见，建议创立成都市演艺市场人才培养基地，通过政府给予一定的政策配套支持和启动资金，推动高质量的演艺人才成长。同时，政府和演出机构应加大支持演艺大师，通过演艺大师的艺术造诣和人格魅力，提升演出节目的影响，提高演出机构的社会影响和国际影响，推动成都表演艺术更好地发展。

2. 鼓励原创人才培养

大力营造原创人才成长的环境，特别是知识产权的保护，维护原创演出机构和原创人员的利益，保持原创的动力，促使更优秀的作品诞生。建议成立表演艺术创作专项资金或基金，扶持成都表演艺术原创发展，鼓励成都表演艺术团体积极申报戏曲剧本孵化项目，对优秀戏曲剧本创作予以表彰和奖励。

3. 加强演出经纪人才培养

鼓励演出机构与国内外高等院校和专业组织合作，联合培养懂艺术又懂管理的艺术演出经纪和管理人才、懂艺术又懂国际市场的复合型经营人才。

（四）推动演艺企业改革

1. 鼓励演艺企业做强做大

对成都老牌的演艺龙头企业和新兴崛起的演艺机构提供政策上的重点支持，鼓励其面向市场发展，在市场导向下发展自身能力，通过市场竞争提升演出市场的组织、经纪和承接能力，提高演艺项目的附加值，推动产业链高度化发展，加快成都演艺产业的结构优化。同时，以市场需求为导向，鼓励 IP 内容的培养与孵化、运营，形成引起粉丝共鸣的文娱方式，进而创造更大的衍生品商业价值，推动演出企业由剧目内容的单一销售逐步向演艺品牌的综合打造转化。

2. 加强对民间演艺团体发展的引导

帮助成都民间演艺团体树立规范经营、品牌建设的意识，鼓励社会资本以个体、独资、合伙、股份等形式投资兴办民营文艺表演团体；鼓励成立个人独资、合伙的民间演艺团体；鼓励民间演艺团体以合资、合作并购等形式，参与市、区、县国有文艺院团改制；对符合设立条件的民间演艺团体，及时发放营业性演出许可证，鼓励他们合理开发市场资源，用现代企业理念推动民间演艺团体不断发展壮大。

3. 增强演艺企业融资能力

针对演艺行业特点，基于演艺企业的品牌、明星、精品剧目等独特资源，创新融资方式。同时，鼓励有实力的大企业和财团，与演艺企业多种合作，提升其发展能力。

4. 加强行业协调与管理

建立和完善成都演出市场行业协会，根据各个演出机构自身的特点，通过行业协会适度引导，进行市场细分，差异化定位，结合演出机构自身优势生产差异化产品，形成一个合作共赢的生态系统。

(五) 增强文化消费能力

1. 重视文化消费市场和消费观念的培育和引导

政府应通过加大购买演出服务、对专项表演进行补贴、发放演出惠民券的方式，组织文化进校园，举办公益演出，在全市普及表演艺术，提高居民对表演艺术的认识和认同，培育居民文化消费习惯，刺激居民文化消费需求。各类剧场和演出机构通过政府补贴，承担起更多的培育市场的责任，通过提供各种培训，举办各类文艺活动，激发居民文化消费兴趣。

2. 创新营销方式

有针对的营销方式也能潜移默化地改变消费者的消费行为，达到促进演出市场发展的效果。演艺机构、政府可以在演艺聚集的地区进行宣传，营造"沉浸式"营销，改变消费者的消费观念，激发其消费欲望，提高消费能力。相关演出和票务公司对优质内容量身定制营销方案，帮助项目挖掘并触达更多潜在目标用户。

3. 加强票务管理

票价对消费具有重要影响，一方面，应通过加快场馆建设，降低演出成本，降低演出票价；另一方面，针对哄抢票并高价倒卖的行为，建立惩罚措施，加大监管力度，从制度和管理上减少此类行为发生。同时，推动票务信息化管理，从网上售票开始，整个过程实现透明化、信息化，建立消费者消费情况数据库，通过数据分析的方式检测潜在"黄牛"用户和不规范倒卖票的行为，以此维护票务市场稳定。

（六）推动国际化的发展

1. 提升"走出去"的演出能力

学习伦敦西区和纽约百老汇的成功经验，打造兼顾艺术价值和市场价值的产品，打造具有国际影响力的剧目，形成有国际竞争力的演出机构。

2. 构建"走出去"的国际平台

为了在国际演出市场竞争中快速立足，一方面，可以寻求与迪士尼乐园等合作，争取世界500强中的演艺企业落户成都；另一方面，发挥自身资源优势，打造成都熊猫演艺节。通过搭建长期稳定的"走出去"平台，借助平台营销，加快成都演艺走向国际。

（七）提高政府监管效能

1. 实行"一臂之距"管理

政府可以根据演出行业的发展情况，依托行业协会，组建成都市演出市场专业委员会，共同制定符合市场发展的政策和建议，并适当授予专业委员会评定扶持对象和扶持标准的权利，利用专业委员会对于市场信息的把握，将补贴有效落实到位，实现利益最大化分配。

2. 提高演艺市场活力

降低演艺行业进入壁垒，如放宽演出经纪机构设立标准，简化和透明化审批程序，增强市场竞争力。减轻表演艺术的相关税负，对表演艺术相关企业给予积极的税收优惠政策，降低表演艺术成本，促进演艺企业的成长，促进演出市场发展。

2018 Chengdu Performance Market Annual Report

YU Ai-xian, ZHONG Lin-ling

Abstract: The report generally considers that the advantages of the performance market in Chengdu are obvious. The first is the large consumption demand and strong inclusiveness of the performance market. The second is frequent performances, and pop music singing is as a vane. The third is rapid development of performing arts enterpriseswith a preliminary clustering effect. The forth is abundant available resources with great market transformation potential. In view of the main problems existing in the market chains, the report puts forward relevant policy recommendations. The report hopes to promote the transformation of Chengdu from a major domestic performance market to an international performance market highland through relevant policy support and market role.

Key words: Performance market; Development report; Market transformation

创意管理评论·第4卷
CREATIVE MANAGEMENT REVIEW, Volume 4

学科建设

Discipline Construction

省属高校文化产业管理专业建设的几点思考

——基于西华大学的讨论

◎ 李钊 陈睿*

摘要：文化产业管理专业是国家为适应文化产业快速发展的需要于2004年专门开设的一门"新专业"。目前开设该专业的高校中，省属高校占90%以上，是培养区域性文化产业管理专业人才的主力军。经过十余年的建设，该专业已成为省属高校重点建设的"热门"专业之一。但是，文化产业管理专业在快速发展的同时，也不可避免地存在着专业建设与学校发展目标、人才培养与社会需求之间诸多亟待解决的矛盾问题。本文以四川省唯一一所省属综合性大学——西华大学为中心，讨论该专业建设的实际情况及存在问题，试图为省属高校开设及加强该专业建设提供基本的思路或借鉴。

关键词：西华大学；文化产业管理专业建设；存在问题；改进措施

---

* 李钊：男，历史学博士，西华大学人文学院副教授，文化产业管理系主任，四川省哲学社会科学重点研究基地"李冰研究中心"副主任，研究方向：巴蜀文化、隋唐史，邮箱：649106924@qq.com。陈睿：男，管理学博士，西华大学人文学院讲师，研究方向：互联网创意经济与管理，邮箱：chenrui@xhu.edu.cn。

学科建设
Discipline Construction

一、问题的提出

文化产业管理专业是国家为适应文化产业快速发展的需要于 2004 年专门开设的一门"新专业"。是年,经教育部批准,山东大学、中国传媒大学、中国海洋大学、云南大学四所高校率先开设"文化产业管理"本科专业,学制四年,毕业后授予管理学学士学位。当时设定的培养目标为:培养掌握经济学、管理学及文化学基本理论与方法,具有宽阔的文化视野和现代管理意识,熟悉文化法规及政策,具备较强规划、决策、组织、策划、创意以及沟通表达能力,具备较强社会调研和信息处理能力的应用型、复合型高级人才。相应地,主要课程有:文化学、中国文化史、中国文化交流史、产业经济学、管理心理学、文化市场营销学、管理信息系统、文化管理学、会计学、应用统计、公共事业管理学、文化产业概论、文化资源概论、公共部门公共关系、文化政策与法规、文化管理理论与实践、艺术基础、美学概论、世界文化简史、民俗学、宗教文化概论、广告学、文化项目策划实务、文化地理学、出版管理学、文博基础、影视产业概论、文化旅游概论、动漫与数字产业概论、管理文秘等。由此可以看出,该专业旨在培养在演艺、出版、博展、传媒、娱乐等领域中从事管理、策划、经纪、营销、公关等方面的应用型专门人才,就业领域相当广泛。因此,随着高校招生规模的日渐扩大,文化产业管理专业成为部分高校"青睐"的新增专业之一。

按照教育部官方网站的发布,截至 2017 年 5 月 31 日,全国高等学校共计 2914 所。其中,普通高等学校 2631 所(含独立学院 265 所),成人高等学校 283 所。笔者通过对各高校招生网站的粗略查询与筛选整理,发现目前开设文化产业管理专业的高校共有 170 余所。这其中,除"双一流"建设高校中的同济大学、山东大学、中央财经大学等高校之外,其他大部分属于省(部)属高校。省属高校在推进区域教育大众化的进程中扮演着重要角色,担负着为区域地方经济、文化与社会发展培养应用型、技术型及复合型人才的重任,这已被我国高等院校实际发展历程所证明。从这个意义上讲，省属高校在"后工业时代"是培养区域性文化产业管理专业人才的主力军。经过十余年的建设，该专业已成为省属高校重点建设的"热门"专业之一。但是，不可否认的是，我国文化产业的业态发展较之国外还很不成熟，这也导致了文化产业管理专业在快速发展的同时，不可避免地存在着专业建设与学校发展实际、人才培养与社会需求之间诸多亟待解决的矛盾问题，甚至出现了一些开设这一专业的高校"停招"的现象，其中不乏个别双一流建设高校。同时，西华大学为深入贯彻全国教育大会和新时代全国高等学校本科教育精神，专门召开了以"创一流本科教育，促卓越人才培养"为主题的教学工作会，旨在加快一流本科教育建设，全面提高人才培养质量。作为学校新近开设的专业，文化产业管理专业如何以此教学改革为契机，在保证专业建设科学性的前提下，进一步优化人才培养方案，将本专业打造成学校的一流专业，为地方文化产业发展提供高素养的复合型、应用型人才，是当前迫切需要解决的关键问题。正是基于这样的考虑，本文拟以四川省唯一一所省属综合性大学——西华大学为中心，讨论该专业建设的实际情况及存在问题，试图为省属高校开设及加强该专业建设提供基本的思路或借鉴。

二、西华大学文化产业管理专业的发展现状及存在问题

四川省内目前开设文化产业管理专业的省（部）属高校有四川农业大学、西南民族大学、西华大学、四川音乐学院等。据笔者对上述院校招生网站的查询，发现各个高校在该专业培养目标的设定、人才培养方案的制定、学科门类归属、课程设置以及师资力量的配备等诸方面皆有很大区别。

西华大学是一所学科门类齐全、多学科协调发展的省属综合性大学，是国家中西部高校基础能力建设工程重点支持高校，教育部本科教学工作水平评估优秀高校，四川省首批深化创新创业教育改革示范高校。学校坚持以本科教育为主，积极发展研究生教育和国际教育，统筹协调、分类指导，形成工、理、

学科建设
Discipline Construction

管、法、经、艺、文、教、农、医等多学科协调发展的格局。现有27个学院，18个一级学科硕士学位授权学科，12个专业硕士学位类别，68个硕士学位授权点，86个本科专业。全日制在校学生4.5万余人。坚持"立足四川、面向西部、辐射全国"的服务定位，秉持"求是、明德、卓越"的校训，传承"知难而进、自强不息"的优良办学传统，树立"育人为本、质量立校、人才强校、特色兴校、依法治校"的办学理念，坚持"改革创新、开放办学、协调推进、特色发展"的办学思路，主动适应国家和四川省经济社会发展需求，以内涵提升为核心，全面提高人才培养质量和办学水平。

文化产业的发展离不开高校对专业人才的培养。2013年，西华大学立足于四川，以成都市、绵阳市为中心城市，通过对这两个城市文化产业人才需求的实地调研，进行了详细的专业建设的方案论证，并结合学校发展定位和现有师资力量，决定在人文学院历史文化系的基础上申报文化产业管理专业。2014年经教育部正式批准成立文化产业管理专业（批准文号：教高〔2014〕1号），并于当年开始招收本科专业。2016年申报文化产业管理专业二级硕士点，2017年获得通过（批准文号：教高〔2017〕3号），并于当年开始招收硕士研究生。随着专业建设的推进，逐渐形成了一套学校重视、学院主抓、引进人才、调研生源、考察市场需求、完善课程培养方案、加强教学质量监控、注重学生就业去向的专业建设机制。另外，由于文化产业管理专业涉及文、管、经、法、艺等多学科领域，西华大学作为四川省唯一的一所省属综合性大学，可以更好地凝聚与融合这些学科领域的师资力量。在四川省属高校中，西华大学文化产业管理专业建设是比较典型的，或者说更具备建设该专业的学科优势。因此，以西华大学为例分析区域性省属高校该专业的建设情况具有较强的代表性。

（一）发展现状

西华大学文化产业管理专业自2014年招收本科生、2017年招收硕士研究生以来，通过几年的建设，教学条件日益完善，教师队伍不断成长壮大，教学质量逐步提高。

1. 本科、硕士招生基本情况

自2014年文化产业管理专业开设以来,学校制定了该专业纳入二本、文理兼收、立足四川,面向全国28个省、市、自治区招收本科生的政策。从招生情况来看,生源良好。以本省的生源为例,学生第一志愿报考率逐年上涨,从2014年的52.3%上升至2018年的138.6%。虽然纳入二本,但实际录取分数都超过一本线。相形之下,硕士研究生一志愿报考率不容乐观,目前本专业在读硕士研究生基本依靠本校相关专业的推免和保送。学生数量现有本科生230人,研究生7人(含留学生1人)。为了清晰地说明本专业本科和硕士具体招生的情况,以本省为例,特列表1如下:

表1 西华大学文化产业管理专业招生情况(2014~2018年)

年份	一志愿报考率（%）	招生人数（人）		备注
		本科（人）	硕士（人）	
2014	52.3	58		
2015	67.8	56		
2016	77.6	55		
2017	112.3	61	1	
2018	138.6	56	6	含留学生1人
合计		230	7	

2. 学生就业情况

就业方面,2018年第一届本科毕业生57人中(本届毕业生总人数为58人,其中含1名高水平运动员,就业考察不纳入本专业,故实际毕业生57人),考研继续深造9人(含2名保送),占毕业生总人数的15.8%;被录取为公务员的(含选调)6人,占毕业生总人数的10.5%;在文化旅游相关部门工作的16人,占毕业生总人数的28.1%;新媒体相关方向就业的21人,占毕业生总人数的36.8%;其他2人,占毕业生总人数的3.5%;未就业2人,占毕业生总人数的3.5%,总体就业率为96.5%,在学校文科专业就业率中居第三位。为了清楚地分析本科就业情况，特列表2如下：

表2　西华大学文化产业管理专业2018届学生就业信息

	考研	公务员（含选调）	文化旅游方向	新媒体方向	其他方向	未就业
人数（人）	9	6	16	21	2	2
所占比例（%）	15.8	10.5	28.1	36.8	3.5	3.5
总体就业率（%）	96.5					

3. 师资队伍建设

学校和专业所在的人文学院高度重视本专业师资队伍建设。目前，本专业有11名专任教师，其中教授空缺，副教授4名，讲师6名，助教1名。8名教师具有博士学位，2名教师具有硕士学位，1名教师具有学士学位。从学历构成来看，研究生达到了90.9%，其中博士研究生达到了72.7%。从年龄结构讲，11名专任教师中，46～55岁有3人，占27.2%；45岁以下8人，占72.7%；学科背景涵盖管理学、文艺学、历史学、传播学、文化遗产等文化产业专业建设所必需的学科（专业），构成了一支高学历、高素养、学科背景交叉融合、年富力强的中青年骨干教学团队。另外，由于本专业属于西华大学新办专业，且本专业的学科性质决定了教师需要不断地更新教育观念、丰富教学手段、创新教学模式。因此，为了进一步加强专业教师的教学素养和提高教学能力，自2014年该专业批准成立以来，学校、学院不断选派本专业专任教师到文化产业管理专业开设较早的山东大学、中国传媒大学等高校进修与学习。另外，学院针对在教学实践中暴露的诸多问题，邀请了北京大学王小甫教授、四川大学彭邦本教授与蒋晓丽教授、四川师范大学谢元鲁教授等隋唐史、巴蜀文化、传播学及文化旅游等研究领域的知名专家、学者来校讲学。通过"送出去"和"请进来"两种方式，逐渐提高专任教师的教学素养，为文化产业管理专业建设在教学方面的良性发展提供了最根本的前提和基础保证。

4. 教学条件

文化产业管理专业的学科性质决定了该专业理论教学与实践实训必须并行发展，才能推进本专业的健康发展。因此，自教育部批准该专业在西华大学设立以来，学校、学院就非常重视教学条件的改善，不断加大投入。2015年学校投入132.5万元建设了供本专业使用的实训实验室、微格实验室、案例分析实验室，面积490平方米，为提升学生的应用能力，以及将所学知识用于解决实际问题提供了条件。2016年学校图书馆和学院图书室增加了本专业图书藏书量，拥有"中国知网""读秀""超星"等多个电子文献数据库，并在此基础上，专门订购了《文化创意产业》《历史研究》《中国电视》《现代传播》《旅游学刊》等文化产业管理专业所涉及的刊物，较好地满足了本专业的教师教学参考和学生课外学习的基本需要。西华大学文化产业管理专业的教学条件如表3所示。

表3 西华大学文化产业管理专业教学条件

专业实验室名称	专业实验室面积（平方米）	800元以上设备数（台/件）	800元以上设备价值（万元）
微格教学实验室	130	1	40
实验实训实验室	144	100	35
案例分析实验室	144	25	30
心理学实验室	72	15	27.5
合计	490	141	132.5

5. 教学过程及质量监控

学校和学院高度重视教学质量保障和监控体系的建立，采取了多种措施和手段确保教学质量。第一，通过制定切实可行的制度来加强教学工作的日常管理。学校和学院制定了《人文学院教师教学工作规范》《教学系、教研室工作细则》《教师听课制度》《导师工作条例》《多媒体教室管理制度》等规章制度，并严格执行，确保了良好的教学秩序。第二，完善教学环节。每学期的专业课程，学院和教学系都要求以教研室为单位，在分析学生认知能力和专业课程学科性质的基础上，进行集体备课，高度凝结教师团队的智慧，并将教学进度表、教案、设计完成的课堂教学中所需的PPT等教学基础资料发至系主任和分管教学院领导审阅，然后针对备课问题再集中讨论，对课堂教学诸环节加以整改与修订。第三，秉承"有问题集中讨论""适时更新教学理念"等教学原则。学院和教学系要求教研室每两周针对课堂实践教学过程中暴露的问题开展教研活动，从学生和教师自身两方面查找问题的来源；在此基础上，根据国家下发的发展关于文化产业的政策适时地调整教学理念，更新教学手段。第四，丰富教学手段。学院和教学系要求教师在课堂实践教学过程中，杜绝灌输式、说教式等陈旧的教学方法，而是采取探究式、讨论式、案例引入式等学生乐于接受的教学方式。其中，系主任李钊副教授创设的"案例引入—学生分组讨论—学生汇报—小组互评—教师归纳、抽绎理论""五步一体"的"探究式"课堂教学不仅提高了课堂教学效率，而且培养了学生初步探究的科研能力，深受学生的欢迎，教学效果良好，学生每学期评教均在4.8分（满分5分）以上。第五，定期开展教师讲课比赛。学院和教学系每学年定期举行教师讲课比赛，通过教师之间的相互交流、相互学习，提升教师的课堂教学素养。第六，坚持"传、帮、带"的教师梯队建设。针对教学系每年新近教师，学院和教学系制定了中年骨干教师对青年教师"传、帮、带"的制度，新进教师参加教学活动的第一年必须要承担骨干教师的助教工作，由经验丰富的骨干教师担任其"教学导师"。通过"教学导师"的传、帮、带，帮助青年教师尽快熟悉学校、学院的规范教学制度，掌握基本的授课技能，尽快帮助青年教师提高教学水平，熟悉教学流程，从而确保教学质量的稳步提升。

6. 人才培养

本专业在人才培养中，注重对学生进行应用型能力培养，在强化专业基础知识的基础上，注重学生教学技能、综合素质与创新能力的培养。自2013年西华大学拟申报本专业以来，校院两级就选派相关人员对以成都市为核心的文化产业管理专业人才需求单位成都文旅集团、成都文创基地、成都会展集团、成都知名媒体等进行实地调研。根据人才需求的具体要求,学校、学院和教学系经过科学的论证,初步确立了新媒体传播与文化旅游两个基本方向。因此,2014年第一届文化产业管理专业学生入校之后,在注重学生理论培养的同时,加强了学生的实训。如将学生分成6个学习小组,每组指导教师1名副教授、1名讲师组成,安排学生到成都文化旅游发展集团有限公司、成都博物馆、三道堰青杠树村等文创企事业单位及学校周边的乡村旅游进行实地考察。之后集中学生,按小组的形式进行PPT汇报,最后各组指导教师进行互评,从而将学生的理论素养和实践能力结合在一起,在提高了学生理论学习、主动学习能力的同时,着力培养学生运用所学知识解决实际问题的能力。另外,鼓励指导教师将部分素养较高的学生引入自己的课题组,从查阅资料、案例分析入手,培养学生初步的科研探究能力。经过教师和学生多方面的努力,本专业学生的文创能力不断得以提升。如学生自发运营的微信公众号"菁火文创君",着眼于解读国家文化产业发展政策、宣传本专业发展动态、提升本专业同学的新媒体运营能力。值得一提的是,本专业同学联合成都其他四所开设文化产业管理专业的高校发起成立了"成都高校文化创意联盟",搭建起了一个校际沟通、交流的平台。

此外,许多学生已经取得了可喜的成绩:张悦获全国大学生英语竞赛一等奖;闫欣瑞获"外研社杯"全国英语阅读大赛三等奖;冯梅、张悦等同学获国家励志奖学金;郑朝慧获2015外研社杯英语阅读大赛四川赛区三等奖以及2016珀斯实习体验计划二等奖。同时,文杰、闫欣瑞、刘菀璇、裴虹、邓燕等同学分别考入中国政法大学、重庆大学、西南大学、西南交通大学、西华大学等高校攻读硕士学位;何锴、陈鹤予等同学以优异的成绩顺利通过国考,成为国家公务员。另外,从目前已经就业的学生工作单位和学生家长的反馈来看,用人单位和学生家长对学校文化产业管理专业的人才培养给予了较高的肯定和认同。

7. 科学研究

学校和学院高度重视教师科研对教学的支撑和促进作用,努力提升教师的科研水平，为教学质量的提升夯实基础。诚如钱伟长先生在20世纪80年代就提出：大学教师搞科研可以扩大眼界，扩充知识储备，了解当代这个专业在发展中所存在的问题，丰富这个学科的内容，使之不断地向前发展。在此理念的指导下，学校、学院根据目前发展实际制定并通过了《西华大学教学与科研管理管理办法》《学科建设与科研工作奖励实施办法》等制度性措施，鼓励教师从事科学研究，促进教师科研能力的提升。五年来，11名专任教师出版学术专著5部（本），发表学术论文46篇，其中CSSSI收录期刊8篇，中文核心期刊6篇；承担国家自然科学基金项目1个，省部级项目4个。仅省部级以上的纵向项目经总经费已经超过100万元。同时，教师科研能力的提升又能"反哺"课堂实践教学，实现教师科研和教学的"双线共赢"。

（二）存在问题

五年来，西华大学文化产业管理专业尽管保持了良好的发展势头，但较之国外以及国内其他高校相对成熟的专业建设，目前基本上还处于"摸着石头过河"的发展状态中。因此，在专业建设的过程中也不可避免地存在一些亟待解决的矛盾，主要表现在以下几个方面：

1. 课程设置与教育部颁布的《国标》之间的矛盾

2013年，在筹备和申报开设文化产业管理专业的过程中，西华大学主要是在对成都市、绵阳市文化产业人才需求的基础上，参考当时开设文化产业管理专业的兄弟高校的主干课程设置，同时结合自身原有历史文化系的学科优势特点，进行课程设置方案的拟定。经过几年的实践检验，在专业建设和教学过程中也逐步发现了一些问题。最突出的就是与教育部下发的《普通高等学校本科专业类教学质量国家标准》（以下简称《国标》）中所要求的部分核心课程不符。除此之外，也存在部分课程名称不够规范、课程之间教学内容重复、理论性课程与实践性课程的有效衔接、课程设置前后支撑关系等诸多问题。换言之，目前的本科人才培养方案尚不能有效地满足社会文化产业发展实际需求。

2. 专业建设与学校发展之间的矛盾

西华大学是一所由纯工科院校发展起来的省属综合性大学。近年来，学校党委从发展的总体层面，明确提出"新工科、新文科、新商科"的战略发展目标，突出强调专业建设要为地方经济社会建设服务，实现多学科交叉融合发展的基本导向。当前，西华大学正在多个学科群的基础上打造多个产学研结合的跨学科校级平台。文化创意作为一种全新的生产要素，能够在传统制造业、农业等领域发挥产业倍增器的作用。但是，在目前的人才培养方案中，尚未设置文化创意方面的课程，导致专业建设在产、学、研融合、学科平台打造等方面还与学校发展要求之间存在较大差距。

3. 师资力量与专业建设之间的矛盾

师资力量是支撑文化产业管理专业建设的根本保证。当前，西华大学文化产业管理专业的师资力量与专业建设之间的矛盾突出表现在三个方面：第一，11名专任教师中，高级职称仅有4人，占总人数的36.4%，且缺乏正高级职称。同时，亦缺乏省级学术带头人或后备人才。第二，现有教师的学科背景虽然涵盖了历史学、管理学、文艺学、传播学四个学科领域，初步形成了对本专业主干课程的支撑体系。但至今没有一位"真正出身于"文化产业管理专业的专任教师。而且，从细分角度分析，现有师资力量在知识结构上还缺乏深层次的融合与复合型知识转化，而这正是文化产业管理专业建设所需要的。第三，文化产业管理专业的专业特性决定了教师应具有一定的产业实践经历和相关知识体系，以更好地支撑理论性知识向实践性知识的转化与应用。目前西华大学文产系专任教师中虽然有从事旅游规划项目的教师，并且依托挂靠在本学院的两个四川省哲学社会科学重点研究基地"地方文化资源保护与开发研究中心"和"李冰研究中心"，为地方政府进行域内文化资源的调查与梳理、发展文化旅游提供必要的智力支持。但总体上尚缺乏具有实践、实训文产项目策划经历的教师。换言之，现有的师资力量尚不足以支撑文化产业管理专业建设要求教师学科背景必须涵盖的"文化—技术—产业—效益"这一相对完整的价值链条。这不仅是西华大学文化产业管理专业建设遇到的问题，应当是当前许多高校文化产业管理专业建设面临的一个较为普遍的问题。

4. 培养方案与社会发展需求之间的矛盾

从基本逻辑上讲，高校文化产业管理专业的培养方案应以当前文化产业发展和企业运营实际需求为出发点，倒推学生能力基本需求点，最后确定培养方案和课程体系。但在实践中，高校文化产业管理专业的培养方案基本上是在《国标》培养方案以及国家关于文化产业发展相关政策的宏观指导下，各高校根据自身发展定位与现有的师资力量综合拟定的。这可能在客观上导致培养方案与文化产业自身发展以及相关企业实际需求之间发生错位的问题。另外，按照高校人才培养的一般规律，高校人才培养方案必须具有高度的前瞻性，高校毕业生在八至十年内会成长为自己所从事工作的骨干力量。但是，由于互联网与文化产业的深度融合发展，文化产业日益呈现出"一日千里"的发展态势，产业创新层出不穷，其知识更新速度已由以往一般的八至十年压减到今天的半年至一年。这使得社会对文化产业人才的需求不断增大，培养质量要求不断提高，从总体上对本专业的建设与发展提出了更高的要求。

5. 课堂教学与实践基地之间的矛盾

文化产业管理是一个非常强调实践的专业，要求学生既能够掌握本专业的相关理论知识，同时又能够在文化产业链的各相关主要环节，如文化资源调查、文化内涵的历史演绎、文化创意的思考、文化产业项目的策划、营销以及衍生品开发等领域具备较强的实际动手能力。但是，当前文化产业管理专业较为偏重课堂教学，实践教学比重过小，尤其是办学单位与文化产业相关领域内代表性企业之间缺乏长期稳定的合作关系。这就使得理论教学和实践教学之间的衔接还缺乏有力或者说有效的条件支撑，从而弱化对学生实践能力的培养。

三、西华大学文化产业管理专业建设改进措施

针对上述文化产业管理专业建设中存在的突出问题，结合五年来专业建设的具体情况，我们认为可以从以下几个方面解决上述矛盾问题。

1. 对照《国标》，结合学校定位、社会发展需求，强化课程设置的科学性

2018 年上半年，教育部下发了《普通高等学校本科专业类教学质量国家标准》，将《文化产业管理概论》《文化产业经济学》《中国文化史》《文化资源概论》《公共事业管理》《大众传媒管理》《演艺娱乐经营管理》《动漫与数字经营管理》《影视产业经营管理》《文化经纪理论与实务》《文化产业政策与法规》《现代服务业》《文化商务英语》等课程列为核心课程；主要实践教学环节则强调沟通展示交流实训环节；主要专业实验突出文化发展规划实验、创意设计实验等。这为本专业课程设置的优化提供了明确的权威指导性文件。在此基础上，结合学校的"创一流本科教育，促卓越人才培养"，服务于地方建设的发展定位以及社会对文产专业人才的实际需求，以文化产业自身的内在发展规律，即深厚的文化底蕴是核心和基础、创意与策划能力是关键、文化市场洞察与运营能力是抓手这三个方面形成了文化产业人才培养相对完整的运行链条，力争以此为指导思想，进一步细化这三个方面的课程支撑体系，最终能够有效地满足文化产业自身发展及社会发展的实际需求。

2. 立足实际，强化文化产业管理专业建设对学校发展的支撑力度

众所周知，大学的专业教育有助于一个学生一开始就能走多远。为贯彻落实教育部《关于加快建设高水平本科教育全面提高人才培养能力的意见》（教高〔2018〕2 号）文件精神，加强西华大学专业建设，优化学校专业结构和布局，形成有效的专业建设机制，同时，通过对已有专业建设项目成果的提炼，形成独特的专业建设特色，西华大学明确提出了"建设一流本科专业"的基本目标，同时强调"专业建设要为地方经济社会发展服务"的基本原则。2018 年 6 月，西华大学文化产业管理专业向社会输送了第一届毕业生，总体就业情况和初步的社会评价反馈都取得了较好成绩。未来几年，文化产业管理专业建设将按照学校的总体安排，完善培养方案、优化教师队伍、根据教学实践编写"西华特色"的核心专业教材、提升培养质量、搭建和融入各级产、学、研平台，打通理论教学与实践实训衔接通道等方面，提升对学校整体发展的支撑力度。

学科建设
Discipline Construction

3. 增强师资力量，提高教师教学能力和教学水平

西华大学文化产业管理专业已经形成了一支业务素质高、学科门类较为齐全、团结协作的师资队伍，团队成员的学科背景涉及历史学、管理学、文艺学、传播学四大学科领域。未来几年，增强师资力量，应着力处理好以下几点：第一，根据学校下发的职称评审条件，创设宽松的科研条件，鼓励现有教师晋升正高级职称或引入与本专业相关学科的正高级教师。同时，鼓励高级职称教师申报省级学术带头人或后备人才。第二，打破学科知识壁垒，发挥多学科融合优势。在互联网背景下，根据文化产业自身的发展趋势和对人才素养需求的变化，强调现有师资学科研究领域的跨界与融合，打破历史学、管理学、文艺学与传播学的知识壁垒，通过交叉听课、团队学习、集体研讨、专题培训等方式，使本专业教师能够在自身原有专业知识的基础上，对本专业涉及的其他学科知识有较为充分的了解，逐步形成复合型的知识体系，进一步促进教师教学水平和科研能力的提升，力图让专业教师达到产生"1+1>2"的效果。第三，教学过程注重以提高教师教学能力和水平为核心。根据国家和地方关于文化产业发展政策，不断更新教师的教育理念，创新教学模式，进一步改进教学手段和教学方法，如进一步深化李钊副教授创设的"五步一体探究式教学法"的科学性和可行性，力争通过申报学校的"教改项目"而得到推广。第四，根据专业发展，针对性地引进相关专业人才。人才的培养最终要服务于地方文化建设的需要。继续对成都市、绵阳市文化产业人才需求进行跟踪式的实地调研，根据文化产业人才市场的具体要求，针对性地引入艺术学、经济学等学科领域的高水平博士，最终归结为培养出具有国际视野、科学精神、创新意识、符合文化产业人才市场需求的高素养人才。

4. 根据社会发展实际需求，优化培养方案

近年来，我国文化产业呈现出加速发展的态势，新业态、新模式、新产品层出不穷，各种类型的资本也竞相进入文化产业领域，推动了整体产业的升级、转型和变革。针对这种情况，应全面把握我国文化产业发展的最新情况和前沿领域，并重点对四川省、成都市在文化产业及相关产业发展方面的实际需求进行深入的调研。2017年8月，《成都市产业发展白皮书》序言中明确指出："要将成都建设成为西部领先、全国一流、世界知名的文创中心城市。重点做深做优古蜀文化、三国文化、大熊猫文化等特色文创产业。中心城区还要突出历史文化街区的保护，打造富有蜀文化魅力的城市。"当前，创意策划与运营能力不足是制约我国、四川文化产业发展的关键问题。在社会实际需求的基础上，结合西华大学实际，建议以培养"创意企业家"为基本导向，以"创意管理"为基本框架搭建文化产业管理专业的基本培养体系，着重培养学生深厚的文化底蕴与创意策划与运营能力，以此为基本导向对培养方案进行调整和优化。

5. 开展校企合作，降低人才培养的盲目性

文化产业管理专业是一个实践性、应用性很强的专业。未来的文化产业市场迫切需要跨领域，且能快速进入并掌控工作领域的复合型、应用型人才。针对当前专业建设中存在的理论教学与实践环节衔接性不强的问题，未来几年，应重点拓展和搭建校企合作平台，逐步形成较为固定的实践实习基地。可以根据当前专业建设中形成的"新媒体"和"文化旅游"两个专业方向，有针对性地与地方政府、重点企业、重点园区开展合作。目前，学院已经和国家4A景区"成都市郫都区青杠树村旅游景区""四川省非物质文化遗产蜀绣博物馆"两个单位达成协议，建立了本专业两个固定的实习基地。同时，在合作过程中，更加深入地了解政府、企业对文化产业管理人才的实际需求，邀请企业负责人到校讲学或者与其讨论人才方案的培养问题，据此调整和优化课程设置体系，进一步完善人才培养方案，从而降低人才培养的盲目性，最终提升人才培养的针对性和整体质量，为地方文化建设提供合格乃至优秀的人才。

四、结语

综上所述，作为省属高校重点建设的"热门"专业之一，文化产业管理专业虽然目前在一定程度上呈现出快速发展的态势，但较之国内外该专业建设

学科建设
Discipline Construction

相对成熟的高校，基本上还处于"摸着石头过河"的初步发展阶段。因此，在专业建设过程中不可避免地存在着专业建设与学校发展实际、人才培养与社会需求之间诸多亟待解决的矛盾。这就需要我们在国家关于文化产业发展政策的宏观指导下，结合社会发展实际需求与学校自身发展定位，从优化课程设置、增大人才引进力度、开展校企合作等方面进一步加强专业建设，以便在"摸着石头过河"的专业建设的行程中，真正"蹚出一条"既能体现省属高校自身发展特色，又能培养出国家和地方政府经济社会发展实际需求的复合型应用型高素质人才的道路，为促进国家和地方文化产业的快速发展做出省属高校应有的贡献。

参考文献

[1] 教育部公布2017最新全国高校名单共2914所［EB/OL］. 新浪教育网：http://edu.sina.com.cn/gaokao/2017-06-15/doc-ifyhfnrf9179784.shtml.

[2] 教育部高等学校教学指导委员会编. 普通高等学校本科专业类教学质量国家标准［M］. 北京：高等教育出版社，2018.

[3] 成都市人民政府. 成都市产业发展白皮书2017［M］. 成都：电子科技大学出版社，2017.

[4] 杨永忠. 新当代管理理论：创意管理学的探索［J］. 创意管理评论，2016（1）.

Some Thoughts on the Construction of Cultural Industry Management Major in Provincial Universities
— Discussions Centered on Xihua University
LI Zhao, CHEN Rui

Abstract：The major of cultural industry management is a "new specialty" specially established by the state in 2004 to meet the needs of the rapid development of cultural industry. At present, the provincial colleges and universities account for more than 90% of the universities offering this major, and they are the main force in training regional cultural industry management professionals. After more than ten years of construction, this major has become one of the "hot" specialties in key construction of provincial universities. However, with the rapid development of cultural industry specialty, there are inevitably many contradictions between specialty construction and school development goals, personnel training and social needs that need to be solved urgently. Taking Xihua University, the only provincial comprehensive university in Sichuan Province as the center, this paper discusses the actual situation and existing problems of the specialty construction, and tries to provide basic ideas or reference for provincial universities to set up and strengthen the specialty construction.

Key words: Xihua University; Construction of cultural industry management specialty; Existing problems; Improvement measures

创意管理评论·第4卷
CREATIVE MANAGEMENT REVIEW, Volume 4

中国创意管理论坛

China Creative Management Forum

第二届中国创意管理成都论坛综述

◎ 刘双吉*

　　2018年11月9日，作为第五届成都创意设计周的首场论坛，由成都市人民政府和四川大学共同主办，成都市文广新局、四川省文化产业促进中心、四川文化创意产业研究院、四川大学商学院、四川大学创意管理研究所、《创意管理评论》等单位共同承办的第二届中国创意管理成都论坛暨全省县域文化产业发展路径研讨会在成都世纪城新会展中心隆重举行。四川省文联郑晓幸主席、四川省文化产业促进中心傅兆勤主任、四川大学创意管理研究所杨永忠所长先后致辞。来自清华大学、复旦大学、四川大学、东华大学、南开大学、对外经贸大学、山东大学、山东科技大学、台湾实践大学、南京农业大学、华南理工大学、西华大学、四川理工学院、广西艺术学院、四川文化创意产业研究院、深圳市特区文化研究中心、四川文史馆等高校、科研机构的学者、专家，来自山东影视传媒集团、成都许燎源现代设计艺术博物馆、杨莉尔倩成都漆艺传习所、深圳注雕工艺、云南新一莓农业公司、四川省文化产业商会、中国创意管理成都联盟等文创行业的企业家，以及成都市文广新局、四川省文化产业促进中心、四川省对外文化交流中心、县区文化管理部门等政府机构的代表160余人参会。会议取得以下丰硕的成果。

---

* 刘双吉：四川大学商学院管理学博士生，研究方向：文化创意管理。

一、关于改革开放与文化产业发展历程

中央政治局集体学习主讲专家、著名文化学者、清华大学熊澄宇教授做了题为《改革开放与文化产业》的主旨发言。

2018年正好是改革开放40周年，文化产业实际上是跟着改革开放的布局一步步走来的。他首先给大家回顾了改革开放以来文化产业发展的历程：在改革开放的前10年到20年，我们谈文化谈得比较多的是主旋律，是文化的社会效益。到后20年的前十年，由于我们确定文化产业进入国民经济的统计体系，这个时候关注得比较多的是GDP，是文化产业在GDP的占比。但是最近阶段，特别是党的十九大以后，我们考虑比较多的是文化和文化产业给老百姓带来的幸福感、获得感。从主旋律到GDP，到今天关注民生，实际上这就是改革开放以来我们对文化的逐步的认识。

关于文化的演变，他从三个方面为大家梳理了文化的三个层面或者三个维度：一是看得见摸得着的文化，叫物质的符号体系。不管是图书、音乐表演，还是建筑，我们都认为这是一种文化。我前天去看了崇州罨画池的一些文化符号的代表，这就是看得见摸得着的文化。二是可知可感的精神价值体系，这个价值体系包含着核心价值观，同时也包含着我们今天很多的思想观念、道德观念、文化现象。三是制度层面上的，我们叫作制度体系。以前我们对制度不太关注，实际上制度是文化的集中表现。任何一个社会制度，不管是政治制度、科学制度、教育制度，都是文化的集中表现。对文化的认识，还要注意与科学的差异。科学的特点是求同，没有相同性就没有科学。文化的特点是存异，没有差异就没有文化。整个社会就是由求同存异这两个动力推动社会向前发展。

关于文化产业的体系变化，目前国际上对于文化产业有不同的评价方式，或者有不同的规范体系，有联合国教科文组织的，有世界版权组织的，有联合国贸发会议的。中国主要采取联合国教科文组织的定义，即创造、生产、销售内容的产业，具有知识产权的属性，以产品和服务的形态出现。第一句话强调

产业链，第二句话强调产权，第三句话强调产品和服务，不仅是产品，还包括服务。我们国家文化产业的分类从2004年开始。国家统计局第一次发布了文化及相关产业的分类，这个分类，填补了空白。在这个分类之前，我们国家文化产业规划是文化部牵头主导，这个分类出现以后，国家文化产业规划是由国家发改委牵头。到2012年，国家根据我们实践发展又做了调整，这个调整，就是增加了一些内容。比如说文化创意和设计，比如文化信息技术。2018年根据文化产业发展需要，又制定了新的文化产业分类标准，增加了中介服务，所有的内容生产合并在一起，体现了我们国家文化产业的走向。

文化产业发展取得的成就，熊教授认为有这么几点：第一是战略定位，产业定位的战略升级。第二是产业规模的快速增长。第三是产业贡献的日益突出。第四是满足不同层面的消费需求。第五是分类结构基本稳定。第六是积极拓展国际市场。从动因上说大体上有两个方面，第一个是需求拉动，老百姓现在对文化的消费有需求。第二个是技术推动，移动互联网、大数据信息技术，推动了文化产业方方面面的发展。

就文化产业的发展模式，熊教授认为需要关注四个核心要素，即内容、科技、资本、服务。就内容而言，如果要进入产业，它的特征有三条：一是原创，二是差异，三是唯一。原创是拥有知识产权，差异是你找到了自己特定的消费群体，唯一是只有你有别人没有，那么你就有核心竞争力。因为文化的特征是差异，一种文化产品满足所有人的文化消费需求的时代已经一去不复返。

就科技而言，一个时代有一个时代的生产力。今天我们这个时代的生产力，它的科技构成是信息技术、生物技术、材料技术、认知科学，也就是说人工智能构成的这个时代的科技。所以把这些东西和我们的文化产品结合，它才是真正的和科学生产力的结合。信息技术是其中一个方面，不是全部。

就资本而言，文化产业的资本，除了真金白银的投入产出，还包括两个重要的无形资产，叫作品牌和产权。所以特别提出，文化产业要注重品牌和产权。

就服务而言，特别是中间性服务，在文化领域需要大力发展。

关于下一步的文化产业发展走向，熊教授提出了四点思考：第一，国家战略和地方特色问题。国家分类目录九大类，这是全国的布局。对于地方对于成都，或者对各个县，则要找到自己的差异性，结合自己的地方特色。第二，是社会效益和经济效益。第三，是国内发展和国际竞合。我们不仅要关注我们自己的消费市场，一定要考虑到国际市场。第四，是航母和小微。英国文创产业90%以上的企业是十个人以下的小微企业。所以小微企业是我们的发展点。小微企业的发展离不开文化园区，全世界文化园区发展都有几个阶段，从成果转化到产业集聚，到功能拓展到特色街区。如果我们现在再做，希望就不仅仅是从低端位置，而是要从高端切入，考虑和整体的经济社会发展结合，找到一种特色城镇、特色乡村、特色街道的发展路径。

二、关于文化产业创新与创意管理

论坛结合成都创意设计周的主题，围绕"创意管理，生活之道"进行了深入的探讨。

著名设计大师许燎源表示，商业本质是文化活动，文化活动的核心是回归物的本身。物感盛开，是一种东方式的创意表达。许燎源老师结合博物馆创意产品的开发实践，从物感主义角度进行了生动阐释。

中国创意管理学的开创者、四川大学商学院杨永忠教授围绕"创意管理的北斗模型"发表演讲，从社会共鸣、产品人格、产业类比、标准建构、文化企业家创新、政府管制、学术创业七个方面提出了创意管理的"杨北斗模型"，为创意商业化提供理论指引。杨永忠教授认为，"创意管理，是中国管理学者的内生性创新路径，是中国式创新的一种内生表达"。

东华大学高长春教授为大家分享了城市创意产业集聚与组织创新的研究成果，认为创意产业资源具有高融合性、高渗透性和高发展性，这就要求我们在发展城市创意产业空间集聚时，推动组织的不断创新，实现创意产业资源的优化配置。

复旦大学管理学院教授卢晓分析了"中国文化创意的精品之路",提出"文化创意产业必须走精品道路才能把真实的价值创造精益求精地呈现出来,才能为消费者的美好生活服务"。

山东大学魏建教授提出,文化产业作为支柱产业,不仅仅是经济上的力量,还会指引社会前进的方向,这可能是文化产业与其他产业或者其他的经济增长要素最终的不同之处。全社会形成一个共识性的价值观来共同推动增长,这实际上就决定了你要什么样的增长,要什么品位、什么性质、什么含量。这就意味着,我们整个经济增长将由原来的单纯的GDP,向生态、向文化、向更多的理念进行转化。

南开大学的杜传忠教授重点探讨了21世纪以来的第四次工业革命对我国文化创意产业发展带来的重要的历史机遇,特别是数字文化创意产业的发展。当前,应该把中国传统文化资源挖掘好、利用好,和数字创意产业融合,实现新产业革命条件下的文化创意产业升级。

山东科技大学陈玉和教授提出,文化产业给人们一种想念,直戳人们的心理和敏感,带来整体的完美感。但要想说明我有一个创意,这个创意是什么,就需要设计科学。设计科学是可以优化的,这种优化的结果就是我们能使得创意的效果最大化,成本最低化。

台湾实践大学廖志峰主任围绕豆瓣与猫眼是否真正影响电影的票房问题,探讨了文化创意产业的营销策略和商业模式,分析了对消费者的意识保护,应该怎样尊重消费者的观感,以及大数据在文化创意产业的运用。

山东影视传媒集团事业发展部艺术总监李晓东针对文创企业面临的没有固定资产、没有担保能力,但初文创时期对于资金的依赖性更为强烈的典型问题,以星工坊影视文化产业园为例,探讨了如何把无形资产变成融资担保能力,进而通过这种无形资产实现初创期的资金筹措方式与路径。

杨莉尔倩介绍了中国以及成都漆艺的历史和现状,提出买卖是对传统文化最好的保护,要依靠市场的力量发展非遗。传统的漆艺应该和现代元素相结合,适应年轻人的品位才能有更好的发展。

中国创意管理论坛

对外经贸大学吴承忠教授介绍了对外经贸大学关于文化创意管理相关专业的师资建设、课程设置和自身优势，与大家分享了结合自身国际化的优势，利用全球资源深化对这一新兴学科的探索经验。

论坛同时开展了创意管理的教学与方法创新、县域文化产业发展路径、文化传承与生活创意、创意管理博士论道的平行论坛讨论。高长春、吴承忠、杜传忠、刘忠俊、林明华等先后担任主持，杨阳、李殿元、刘忠俊、易生、李钊、李颖、文峰、林明华、袁园、程家彬、谯虹、张望、郑超、廖勇等学者、企业家、艺术家纷纷围绕论坛议题先后进行了发言或点评，与现场参会人员进行了深入互动和交流。此次论坛还首次评选了创意管理优秀论文，四川大学宋小婷、莎菲、东华大学黄昕蕾、台湾实践大学袁园、南京农业大学张望提交大会的五篇论文获优秀论文奖。会议由中国创意管理成都联盟首任联合主席傅兆勤、杨永忠主持了交接仪式，宣布第三届中国创意管理论坛将在上海东华大学举办。中国城市创意研究院院长、东华大学高长春教授增选为联盟主席。中国创意管理论坛发起人杨永忠教授进行了大会总结。

第二届县域文化产业发展路径研讨会综述

◎ 梅　峥*

　　为深入学习宣传贯彻党的十九大和四川省十一届三次全会精神，坚定文化自信，促进社会主义文化事业和文化产业繁荣发展，立足四川省委提出的"一干多支"发展战略和文化强省战略，由四川省文化产业促进中心（四川省对外文化交流中心）和成都市文广新局、四川省文化创意产业研究院、四川大学商学院、四川大学创意管理研究所等单位联合举办的"第五届成都创意设计周暨第二届中国创意管理成都论坛和县域文化产业发展路径研讨会"于2018年11月9日在成都召开。

　　通过以会代训，在县域文化产业发展路径研讨会上，来自省内外的文化企业、34个县市区委宣传部、文广新局负责人、著名专家学者约80人，立足于县域文化产业发展现状，着眼于县域文化产业优化发展，有针对性地展开了深入讨论。

一、县域文化产业是国家文化产业发展的根基

　　四川省文化产业发展促进中心（四川省对外文化交流中心）傅兆勤主任首先进行了大会的开幕致辞。傅主任在发言中指出，四川有着悠久的历史和丰

---

* 梅峥：四川大学商学院管理学博士生，研究方向：文化创意管理。

厚的文化底蕴，只有运用科学的、创新的方式将这座取之不尽、用之不竭的文化富矿发掘并传承下去，才能使文化产业的发展在未来经济的发展中占据越来越重要的地位。希望通过此次论坛，各位专家学者、政界、商界、学界的文化同仁能够献计献策、优势互补、资源共享；并通过此次论坛建立起互学互鉴和良好的合作共赢关系，不忘初心，奋力前行，共同谱写中华民族伟大复兴中国梦的文化篇章。傅主任提出，县域文化产业是文化强省不可缺少的一环，只有把县域文化产业基础做牢并发展起来，文化产业体系才会立体丰满，全民幸福感和获得感才能得到充分保障，为此要不断创新县域文化产业的发展模式，为文化强省和乡村文化振兴贡献力量。

二、各区县文化产业发展的积极探索

大英县代表在发言中强调与协会的合作，参照"中国死海"的创意经验，通过协会等渠道引入文化资源和文化精英到大英县，采取"三个坚持战略"：坚持文化强县、坚持文旅融合发展、坚持文化品牌创建，走出了一条文化与旅游融合发展的县域发展道路。

阆中市代表在分享经验的过程中表示，阆中一直坚持注重文化资源挖掘和节庆活动打造的结合。如依托春节文化，开发春节文化主题公园，每年春节都有很多民俗活动；依托张飞庙开发三国文化产业园，开展三国文化活动，形成产业链；依托贡院、状元之乡等，开发科举文化产业链等。阆中文化产业分为城市文化产业和乡村文化产业两个板块，阆中提出城市要立足既有资源，开发文化创意产品。具体而言，文化产业的基础在阆中已经形成，还差的是文化创意，需要更有生活美学感和时尚体验感。乡村也是阆中文化产业的重要板块，乡村振兴要和乡村的文化创意紧密结合，如非物质文化遗产、手工技艺、休闲文化、宗教文化等需要融合。

长宁县代表阐述了自身打造的两大名片：一个是蜀南竹海，发展竹文化，并集中在竹制品加工和全竹宴；另一个是凉糕文化，在川内已经小有名气，已形成了原材料和成品生产基地。目前正在梳理酒文化、盐文化、红色文化和乡镇文化等内容。

郫都区代表发言中提到，郫都获得水源保护地等标签，正在调整产业方向，不再吸纳有污染企业，而文化创意产业就属于受欢迎的无污染行业。正在推进的项目包括有依托团结镇影视学院打造的"影视硅谷"，也是成都市影视板块支柱性项目。有乡村振兴博览示范园，准备以习近平总书记专程来访的战旗村及周边为基础，打造乡村振兴示范区，接下来将大量需要文化创意方面的注入。

三、专家和学者对县域文化产业发展献计献策

四川大学历史旅游学院彭邦本教授主要从文旅融合的角度表示，文化产业是一种内容产业，简单地讲就是文化，就是故事，它的灵魂就是创意。创意一定要新奇，注意差异性和唯一性。县域文化资源生生不息，只要会用，越用越丰富，越用越精彩。比如说盐浴之乡的井研，盐是人类文明非常重要的战略物资，从古至今，对人类文明的发展意义非常重大。所以可以做好"盐"的文章，这里面有很多亮点。亮点本身就是资源最宝贵的成分，就是一个产业发展的最直接的生产点。地方政府可以借助专家，本地专家和外地专家互补结合做好提炼亮点工作。有人提到打造文化产业事先要有规划，但在规划之前最好还有文化创意，一定要把文化创意的工作做在前面，根据文化创意来做规划，进行建设。

四川省政府文史馆研究员、巴蜀文化学者李殿元教授从历史名人文化挖掘对县域文化产业发展的重要性方面表达了三点看法：第一，当前我们应该充分认识到这是一个搞县域文化最好的时代，老话说盛世修史，通过改革开放四十年，中国经济取得大发展，文化大发展更有深入的必要。第二，党中央特别强调传统历史文化，现在社会上出现的拜金主义现象，造成了现今的道德水平下滑，按照习近平总书记的说法我们只有通过传统优秀文化才能解决道德问题。

第三，由于经济的发展，人民生活水平大大提高，大家已经不满足于传统文化产业，所以需要创新发展文化产业。四川以历史名人为事件，推动文化的建设就是一条很好的路。

四川省文化产业商会会长、金手指文化集团董事长张建华提到县域发展文化产业的几个体会：第一，要努力做强做大独特的文化IP，文化IP要有对接世界的想象空间，现在这个时代，随着数字技术的发展，传播速度和范围大大提高，如果没有对接世界的想象空间，文化IP难以持久。比如说熊猫文化，开始的文化推广就是四川是大熊猫的故乡，给人的感觉就是四川是一个荒山野岭，熊猫到处爬，到处都是树林，这样就没有把文化IP的精神实质提炼出来。第二，打造这种文化要有推动产业的联动力、延展能力，也就是能够创造经济价值，否则不能叫作产业，只能叫作宣传推广。宣传只能提高知名度，必须要有IP带动产业发展。第三，要有差异明显的独特魅力。不主张同质化，如红色文化这张名片，红色文化现在到处都是。所以一定要找差异明显的独特魅力，要努力做强属于自己的文化IP。

德阳市罗江区文广局党组成员李刚谈到首届"罗江创意设计大赛暨创意罗江论坛"成功举办的经验和感受。罗江和省文化产业发展促进中心，联合发布罗江创意设计大赛的公告，举办这个大赛就是想依托罗江的人文历史自然资源，借助川内顶级的创意设计力量助推罗江创意产业的发展。通过这个大赛获得最大的收获就是促进了罗江与相关文创机构的沟通，实现了文化创意和罗江文化的紧密融合，使罗江文化得到广泛的宣传和推广。通过罗江论坛取得了与相关组织的创意合作协议。下一步罗江将不定期举办创意设计大赛暨创意罗江论坛，期望得到更多专家学者的支持，在创意设计的基础上努力推动设计作品向产品、商品转化，在作品转化之后设计者也会得到相关知识产权的鼓励回馈，提高设计者的积极性。

四川省文化厅原副厅长、四川群众文化学会会长李兆泉做即席发言。李会长主要阐述了五点感受：第一，从上午论坛到下午会议，受益颇多。第二，这次会议的收获不在于讨论的具体个案，而是思想碰撞、观念更新。第三，在各位的参与下，县域文化一定会有一片新天地。第四，现阶段我们与美国的贸易摩擦的本质不是贸易战，而是在创新上谁与争锋的问题，那么文化产业是最具备该特色的产业，所以现在看待产业一定要站在战略高度上看这个问题。第五，习近平总书记定位国家传统文化是我们独特的战略资源，绵延不绝的五千年文化是世界任何一个国家无法比拟的，这是最重要的精神文化产业，而这个资源前景无限。目前我们发展中的差距就是我们的潜力，是我们的发展空间。

四川省文产交流中心事业发展部主任魏超、成都理工大学工业设计系易姗姗副主任等专家、学者也纷纷进行了交流和发言，现场参会人员进行了深入互动，傅兆勤主任进行了会议总结。与会的县市区代表还参加了IF成都国际设计论坛并参观了成都创意设计产业博览会。各县（市、区）负责人感叹此次论坛和研讨会收获颇丰，对省上机构关心关注并支持县域文化产业发展表示赞叹，并盼望多举办类似活动以帮助他们增长知识、拓展视野、更新思维。他们一致表示今后要加强多方交流、资源共享，并就文化产业展开深度合作。

书评

Book Review

创意管理：新奇与商业之间
——《创意管理学导论》评介

◎ 陈 睿*

改革开放四十周年之际，我国综合国力迈上了一个新的台阶，站立在一个全新的历史起点上。在"中国梦"的感召下，无数中国人都在为自己心中的"梦"而努力奋斗。在这样一个波澜壮阔的历史进程中，得益于人民生活水平的全面提升和消费结构的加速升级，我国文化创意产品无论在"数量"还是在"质量"上，都呈现出一个从"量变"到"质变"的跃升性发展态势。2019年春节前后，在电影市场激烈的竞争当中，先是由追光动画和华纳影业联合制作的动画电影《白蛇：缘起》取得了惊人的成功；后是由刘慈欣原著、郭帆导演的硬科幻电影《流浪地球》票房一路逆袭，成功登顶春节档电影票房榜首。这两部作品的成功，使得人们对中国文化创意产品的质量有了全新的认识。

与产业实践层面的进步相比，国内学术界对文化创意的内在规律的认识还非常有限。早在2011年，四川大学商学院杨永忠教授就敏锐地认识到，对文化创意的研究，如果仅仅停留在"产业"层面，是不能够深入揭示其内在机理和运行规律的。通过六年多的艰苦努力，杨永忠教授带领团队，运用管理学的基本方法，对文化创意的内在规律性展开了一系列深入研究，出版了"中

---

* 陈睿：管理学博士，西华大学人文学院文化产业管理系教师，研究方向：文化创意管理、互联网创意经济与管理。

国创意管理前沿研究系列"丛书。在此过程中，逐步形成了"创意管理学"的基本框架和主要内容，并最终出版了专著《创意管理学导论》。

一、"创意管理"与"文化管理"

许多读者可能会关注的一个问题是：为什么不提"文化管理"而要提出一个全新的"创意管理"的概念呢？事实上，在这本著作中，"创意"等同于"文化创意"的概念。与单纯的"文化管理"相比，"创意管理"更为强调动态性和过程性，体现的是基于文化资源基础上的"动态创新"的全过程管理。从管理学的角度看，基于文化资源基础上的创意过程，是一个具有多个维度的复杂管理过程，具有许多传统工业化背景下管理过程所不具有的新特点、新问题和新模式。事实上，"创意"恰恰是整个文化创意产品价值链条中最为重要的一环。因此，"创意管理"的提法，准确地把握了当代文化创意产品开发和产业运行的关键点，而这是"文化管理"这一概念所不能准确揭示和传达的。

二、新奇性与商业性

全书提出了几个非常重要的基本观点：第一，创意具有三大基本价值，即功能价值、体验价值、符号价值，这三大价值是构成文化创意产品消费者价值的核心。事实上，单纯的文化资源虽然也具有一定的这三个方面的价值，但只有通过"创意"过程，才能使得这三方面的价值得到强化、创新、再造和扩散。第二，新奇性与商业性的矛盾是贯穿整个创意过程的基本矛盾。围绕这一基本矛盾，存在"低商高奇""高商低奇""双低创意""双高创意"四种不同的决策组合，这深刻地影响着文化创意产品的后续开发过程。第三，文化创意产品的基本价值链条是沿着"文化资源—内容创意—生产制造—营销推广—消费者"这一路径展开的。一般意义上的文化资源可能并不具有足够的新奇性和商业性，但是通过"创意"过程，可以赋予原始文化资源以新的内涵和故事架构，从而具备"新奇"的特征。另外，商业性的要求和考量又可以反过来在消费者群体选择与互动、技术实现手段、营销运营模式上支撑"创意"的有效转化，最终促成功能、体验和符号价值的实现。从这个意义上讲，有效地把握和驾驭"新奇性"与"商业性"这一对矛盾，是成功进行创意管理的核心和关键。

三、理论创新与实践贡献

全书的基本内容可以分为两个层面：层面一：创意的价值体系和组织形态；层面二：创意的基本价值链条及主要环节，在此基础上架构了整个创意管理学的基本内容。创意管理将以往对文化创意的研究从中观产业层面全面推进到微观产品层面，在学科范式上从经济学推进到管理学，是在已有的文化经济学、创意产业经济学的基础上，运用管理学视角全面研究"创意"的计划、组织、指挥、协调、控制全过程的新兴企业管理学科，是近年来管理学领域与文化创意产业领域交叉融合产生的重大理论创新。

同时，这本著作将对我国文化创意产业实践和人才培养产生非常积极的理论导向作用。《创意管理学》阐述的诸多基本原理，如创意价值体系、决策原理、运营机制、营销模型等，对于实际产业实践有着重要的参考价值。同时，笔者在文化产业管理本科专业的实际教学过程中，也逐步认识到，对于该专业学生的训练应着重培养三个方面的能力：第一，深厚的文化底蕴是基础；第二，创意能力是关键；第三，市场运营能力是抓手。这三方面缺一不可，不可偏废。而《创意管理学》以"创意"这个关键过程为研究对象，系统阐述了从文化资源到内容创意，再到市场运营的全部价值链环节的管理学原理。其基本体系和内容对于国内文化产业管理及相关专业的本科、研究生教学具有非常强的指导意义。

《创意管理学》的出版是四川大学杨永忠教授团队六年多来艰苦工作的结

晶，也是创意管理学科建立、兴起和发展过程中的一个阶段性的重要成果。这本专著的面世，是对创意管理领域初步研究成果的系统总结，将有力地促进对文化创意进行系统管理学研究的进程。

创意引擎，让商业更温暖
——评《创意管理学导论》

◎ 岳志坤[*]

读完《创意管理学导论》这本书后，笔者不禁想起浣花溪畔薛涛笺的故事。薛涛笺是唐代才女薛涛设计的笺纸。晚唐李匡乂《资暇录》载："元和初，薛涛尚斯色，而好制小诗，惜其幅大不欲长，乃命匠狭小之。蜀中才子既以为便，后减诸笺亦如是，特名曰薛涛笺。"薛涛是个诗人，虽然她擅长书法，平日与纸有更多的体验感，但她并不是造纸的内行。笔者认为，使薛涛笺脱颖而出，风靡一时，成为唐代名笺的因素，不是划时代的技术变革，而正是文化与创意。四川大学教授彭芸荪在《望江楼志》中写道："……近年于锦江大桥之北，出土石碓十七，且有木板木柱遗迹，或即纸坊之故址"，虽然中唐时期，四川造纸业已经非常发达，特别是成都浣花溪一带，造纸业已非常繁盛，但是纸张大多漫无规格，长短宽窄不一。薛涛设计的笺纸"才容八行"，她规范了笺纸的形制，使诗笺长短适度，更便于写诗。当时纸的着色也比较单调，虽有一些杂色笺纸流行，色泽都较俗陋，纸的加工以黄色为主，而薛涛加工的花笺有十种颜色，更能推动诗人抒发胸臆。被誉为蜀中四大才女的美人薛涛，在浣花溪畔汲了水制成纸，或将芙蓉皮煮糜做成芙蓉花沫汁，或将鸡冠花、荷花捣成泥，制成染料，涂刷浸染，将小花瓣撒在小笺上，令诗笺光彩相

---

[*] 岳志坤：副教授，四川大学访问学者，青年篆刻家，主要研究方向：中国传统印文化创意与营销。

宜，千姿万态，光是想象，就已经觉得薛涛笺风情万种了。

  创意是一种通过创新思维意识，进一步挖掘和激活资源组合方式进而提升资源价值的方法。在人类社会发展的进程中，所有活动的肇始都埋下了创意的隐性基因。随着生产力的发展，创意跃动的光焰和凝聚在其中的人文情感、智慧逐渐被冰冷和更加理性的思维覆盖。在13世纪末叶的第一次文艺复兴中，新兴的资产阶级希望冲破把人性高架在空中的僵硬束缚，高举人文主义的旗帜，使人的情感得到了普遍确认。杨永忠教授曾说："第二次文艺复兴建立在第一次文艺复兴所提出的人文精神基础上，但更加强调了人文创造。"

  在唯理主义和经验主义以为大功告成的年代，创意经济应运而生。创意经济以创意为内核，以文化为灵魂，以技术为支撑，在理性的经济假设前，唤醒了被工业文明所淹没的人的情感性和文化，进而作为经济发展的推动力，伸扬人的情感体验，扩大人的文化共识，增强商业中的本真情感，表现出与传统经济形式不同的突出品质。

  商业如果与文化分离，人性在经济面前就会失去方向。当今社会，趋同的商业模式用千篇一律的商品把消费者摆在货架前，造成了人性与客体世界的脱离。当高度发达的理性经济统领了这个世界以后，出现的却是更多的迷惘，是没有尽头的生产价值的追求，是不顾一切的财富获取，是急剧的世俗倾向的蔓延，是文化的轻浮与本真人性的渐行渐远。从一定意义上说，创意代表着活力。呼唤文化回归，用创意重新塑造经济，再次让人性与生活拥抱，构造具有深厚文化积累和创意机制的经济和商业模式，才是充满希望的经济模式。

  《创意管理学导论》便是从微观视角，引领我们思考从一个创意概念如何发育到市场前端的引擎之著。

  这本书非常独特，既有管理学的研究框架，又在章节安排中打破了一般管理学的论述范式。本书明确了创意管理学的基本范畴，深刻分析了创意的价值。在第三至第八章，通过理论梳理以及严谨的案例分析，使得创意不再是难以触碰的抽象概念，而是落地为与商业密切结合的，能够为企业或创意阶层所使用的工具。本书在每章内容中都有新观点，都有新突破。譬如在第五章

《创意的决策》中，开展了创意的社会网络分析，构建了创意企业外部社会网络模型，不仅顺着创意决策的基本逻辑，描摹了明确的决策路径，而且具有很强的时代感。文中提出"在创意的决策中，文化元素应该以形式性融入、符号化融入、意蕴化融入和多元化融入而使内容的文化价值与经济价值的综合价值最大化"，在这里，决策不再是简单的管理职能，而成为多维度价值融合的过程，体现了创意管理学独特的学科特色。在第七章《创意的营销》中提出"消费本身是一种创意行为"，进而从经济学角度分析了面对创意产品的消费行为。在创意营销环节的价值再造一节中，著者再次聚焦创意商业活动，剖析了中间人在创意营销中的作用机理。本书提出了"消费者主导"和"生产者主导"两种创意营销模型，是建立在创意管理基础上，对传统营销研究范式的创新性运用。

笔者作为篆刻艺术的探索者和将中国传统印文化与创意、商业管理活动结合的实践者，在这本书中也找到了诸多有益的启示。

一方面，书中《创意之源》提出"宽泛而言，文化资源是文化的初级承载体"。本章界定了作为创意源泉的文化资源，并进行了细致的分类，在典型文化资源中，论述了文化遗产的经济属性。据了解，截至2017年初，我国在联合国"人类非物质文化遗产代表作名录""急需保护的非物质文化遗产名录"和"优秀实践名册"共有39项，数量居世界首位。在国务院办公厅颁布的《关于加强我国非物质文化遗产保护工作的意见》中，非物质文化遗产被定义为"各民族世代相承、与群众生活密切相关的各种传统文化表现形式和文化空间"。中华非物质文化遗产展现了我们国家文化的多样性、独特性和创造性，作为文化创意的源泉之一，深刻剖析其经济属性，将文化与创意管理相结合，目光聚焦非物质文化遗产作为创意资源，进而转化为文化创意产品，无疑会对中国文脉创造性转化和创新性发展产生巨大影响。将非物质文化遗产的文化概念进行萃取，进而物化、商品化，设计出宣传中华文化，具有中国味道的文创产品，无疑对提高国家软实力、建立民族文化自觉具有重要的意义。

另一方面，本书从创意价值基础的研究出发，建立了创意的价值模型，对

书评

于利用文化资源开展基于价值导向的文创产品具有积极的意义。

本书从创意的功能价值维度出发指出：不同于一般商品，文创产品的核心层面不仅是满足消费者功能性需求的属性，还包括消费者消费文创产品的文化目的和创意需求。这就进一步明确了文化创意产品在营销层面作为核心产品层次的深刻内涵。对于我国很多文化遗产而言，随着时代的变革，其一般意义上的功能属性已经逐渐被同类产品新技术形式所实现，但是凝聚在文化遗产中的文化属性，却依然是引燃创意的火种。篆刻印章在古代是中国人的身份象征，承载着示信的实用功能，但随着社会的发展，印章已并不是每个人都需要的物品，这就需要深刻洞察与分析篆章实用性功能，并联系有效的产品载体，利用现代科技手段，提炼篆章的示信意义，深刻定义印文化与生活器物相结合的核心产品概念，创新开发模式。例如利用VR或者图像识别技术，将印章信息化、数字化，使其承载更多的个人信息，达到示信的目的，满足消费者的沟通的需求。再如，以印章的求吉功能为例，《抱朴子·登山》中载："古之人人山者，皆佩'黄神越章'之印……以封泥著所住之四方各百步，则虎狼不敢近其内也。"佩戴"黄神越章"以求趋利辟邪，是中国古人的风俗，萃取"黄神越章"的文化符号，与生活相结合，融入消费产品，可以使篆章既构成设计元素，又承载文化内涵，实现功能价值，满足消费者趋利避害的心理需求。

本书提出"从创意的生产过程看，符号价值其实是创作者以一定的方式将其意图意义（创意）储存在特定形式的产品中，而创意的消费过程则是消费者'解码'的过程"。本书从创意符号价值的维度出发，描述了文创产品不同于一般消费品的符号消费行为。从文创开发的角度而言，中国传统文化的符号萃取亦当以明确创意符号价值为导向。篆章大多采用方形，一定程度符合中国人天圆地方的朴素宇宙观。篆章综艺审美系统的朱白两色，一定程度上符合"一阴一阳之谓道"（《系辞·上》）的易理，因而含有"散《易》"的意蕴，这种阴阳不同于黑白，篆章的朱白两色中，更寓于人文色彩，加上红色的色彩心理暗示与中国的审美传统，可以把印章转化为设计要素，进行饰物等文创产品的开发，使得文创产品具有了符号色彩的文化高度，具有了灵魂。

本书从三个层面定义了创意体验价值的内涵。由于篆章最终呈现为印蜕，即印章通过介质（印泥等）或直接在纸、泥及类似承载物上充分完整压印后留下的与直视印章雕琢面形状相反的痕迹实物。在篆刻创作的前端（写、刻），是由篆刻艺术家完成，印蜕是由印章使用者（消费者）完成的，所以一件篆刻作品的完美呈现是刻印者与钤印者"美学共创"的结果，在这一过程中，消费者将得到一个层面的体验价值，但如果仅仅局限于这一体验层面，篆刻文创以及更多距离我们生活较遥远的文化遗产的创意空间就显得较为狭窄。通过认知层面、情感层面、精神层面的体验价值开发，可以创造出更加立体生动的文创产品。

《创意管理学导论》每章都设计了"专栏"板块，这是本书的一大特色。其实在很多专著或者教材中，也经常可以看到"专栏"的安排，本书"专栏"的特色在于，文章甄选精心别致，并从创意管理学的视角出发，向纵、横两个维度展开。

纵向的维度是专栏文章观点独特，思想深刻。例如第二章《创意的价值》专栏：创意的社会网络定价。该文作者 Potts J. 获国际熊彼特学术研究奖，文中阐述了基于社会网络市场创意产业的四个特征，并分析了其他产业和市场与创意产业相比缺少的社会网络特征。这一专栏，内容上似乎并未顺延本章的主题，但却从市场格局以及营销中观环境的角度呼应了本章的主旨，并给读者推开了扩大学术视野的一扇窗户。再如第五章《创意的决策》专栏：功能共创和美学共创，从功能和美学两个角度开展研究，检验了其对消费者感知质量的影响并提出了建议。这篇专栏文章不仅为创意文化企业不同层面的产品设计（包括核心产品以及形式、附加产品等）提出了理性的建议，内容上更是跨越了本章作为管理职能之一的决策范畴，为创意商业活动提供了诸多思考的余地。

横向的维度是专栏文章从更广阔的文化视野出发，让我们从引擎创意管理的一部书中找到了新的"创意"。譬如在第一章《创意管理学的兴起》中，专栏选取的文章是《诗歌是一门创意管理技术》，阅读和写作诗歌"是在另一种语言的学习中，领悟和感受创造性的思维和能力"，诗歌中的意象、模糊性以及阅读诗歌所获得的暂时的"出神"状态，都有益于培养创意思维甚至开展创意管理。又如第三章《创意的组织》专栏：非营利组织，解释了文化非营利组织的外部性问题，探讨了非营利组织与文化政策的关系。这个专栏让笔者想起2017年与四川大学创意管理研究所一起到成都漆艺传习所调研的经历。

传习所在一栋居民楼里，那天下午，成都漆艺传习所所长、中国工艺美术大师杨莉尔倩老师还有她的弟子们悉数到场。弟子们出于兴趣与漆器结缘，师傅口传心授，徒弟虚心学习，师徒传承得很艰辛，有的徒弟为了精进技艺甚至变卖了房产。一件漆器，除了匠心独运的构思和设计，在焕发着优雅东方气质的光辉中，更深沉地呈现了中国人与人的关系、人与物的关系、人与时间的关系、人与天地的关系。传统的漆器与现代人生活的渐行渐远，本质上是因为这些关系混乱了、断裂了、变革了。离开传习所，脑子里还是满屋精美的漆器以及师徒描述的有些尴尬荒芜的漆器市场。传习所是一个典型的文化非营利组织，从本篇专栏出发，可以启发我们对保护非遗文化政策的思考，调整好政府与文化非营利组织的关系，面向市场，深刻分析，积极沟通，融入时代，探索有效的商业模式，建构一个传统工艺美术与现代生活的新关系，让中国传统技艺传下去，并焕发生命力。再譬如第四章《创意之源》专栏：节日，从文化的视角出发，讨论了以音乐节为代表的节日需求和供应，进而提出了为创意阶层可以尝试构造的发展途径。

本书的专栏文章像是一场学术大会主旨演讲后的学术交流，亲切而又严谨，虽然并未单刀直入章节主题，但却从不同方面开阔视野，发人深思，让我们的思维天马行空后又回到本书探讨的原点。这样的专栏内容保证了本书作为学术著作的严谨性，又调整了阅读节奏，从而增强了本书的可读性。

本书从第三章开始，每章都设计了一节案例。在管理学科的教学中，案例学习无疑是最有效率的方法，本书案例的选取具有很强的时代感。譬如第五章《创意的决策》案例：创所未见。著名设计艺术家、成都许燎源现代设计艺术博物馆馆长许燎源先生对艺术、创意与设计之间的关系进行了鞭辟入里的阐释。该案例以他的设计作品为例,解构了艺术与设计元素,并重新整合为物与人的关系,于是一个崭新的创意世界得以呈现。

再譬如第六章《创意的运营》案例:《花千骨》的运营。还记得那几年,满城尽是"花千骨"。本书的著者将案例的视角放置在这个时代有代表性的典型文化事件中,提示我们运用创意管理学的分析框架关注身边出现的文化现象,并通过对案例细致的梳理和严谨的分析,为我们学习案例提供了帮助和启发。

通读本书,思考良久,获益良多。杨永忠教授带领的团队聚焦创意管理,正在从微观视角培育可供学者、商业界以及创意阶层根植于此的一片沃土。

作品鉴赏

Appreciation of Creative Works

杨莉尔倩与成都漆器

作品鉴赏
Appreciation of Creative Works